IBRASA
LIVROS QUE
CONSTROEM

Coleção "GNOSE" — 43

Volumes publicados:

1. *As Grandes Religiões*	Félicien Challaye
2. *As Sociedades Secretas*	Herman e Georg Schreiber
3. *Fenômenos Ocultos*	Zsolt Aradi
4. *O Poder da Meditação Transcendental*	Anthony Norvell
5. *O Poder das Forças Ocultas*	Anthony Norvell
6. *A Bíblia Estava Certa*	H. J. Schonfeld
7. *O Ensino dos Mahatmas (Teosofia)*	Alberto Lyra
8. *Mistérios Cósmicos do Universo*	Adrian Clark
9. *A Evolução Divina da Esfinge ao Cristo*	Édouard Schuré
10. *Raízes do Oculto — A Verdadeira História de Madame H. P. Blavatsky*	Henry S. Olcott
11. *O Budismo do Buda*	Alexandra David-Neel
12. *Diálogos de Confúcio*	
13. *A Sugestão Mental*	J. Ochorowicz
14. *A Magia e o Diabo no Século XX*	Alberto Lyra
15. *Catecismo Budista*	Henry S. Olcott
16. *Além da Razão — O Fenômeno da Sugestão*	Jean Lerèd
17. *Os Grandes Iniciados*	Édouard Schuré
18. *A Arca da Aliança*	Michel Coquel
19. *Os Caminhos do Graal*	Patrik Rivière
20. *Os Mistérios da Rosa-Cruz*	Christopher McIntosh
21. *Zoroastro — Religião e Filosofia*	Paul du Breuil
22. *Qabalah — A Doutrina Secreta dos Judeus Numa Perspectiva Ocidental*	Alberto Lyra
23. *A Alquimia e Seus Mistérios*	Cherry Cilchrist
24. *O Poder da Magia*	Israel Regardie
25. *Reencarnação e Imortalidade*	Alexandra David-Neel
26. *A Religião Astral dos Pitagóricos*	Louis Rougier
27. *Tao Te King / I Ching — O Caminho do Sábio*	Sergio B. de Brito
28. *A Franco-Maçonaria*	Robert Ambelain
29. *A Ciência Sagrada dos Números*	Tuball Kahan
30. *O Mistério de Jesus*	Vamberto Morais
31. *A Meditação Pela Yoga*	Vamberto Morais
32. *Retorno ao Centro*	Bede Griffiths
33. *O Pensamento Védico*	Carlos Alberto Tinôco
34. *A Primeira Comunidade Cristã e a Religião do Futuro*	Vamberto Morais
35. *Psicologia Oriental — Os Sete Raios*	Padma Patra
36. *O Tarô Esotérico (O Livro de Toth)*	Julio Peradjordi
37. *O Sobrenatural Através dos Tempos*	Marc André R. Keppe
38. *Os Cátaros e o Catarismo*	Lucienne Julien
39. *Santa Verônica e o Sudário*	Ewa Kuryluk
40. *O Sentido da Vida*	Vamberto Morais
41. *O Povo do Segredo*	Ernest Scott
42. *Meditação ao Alcance de Todos*	Henepola Gunarátana

A DEUSA DA COMPAIXÃO E DO AMOR

John Blofeld dedicou a vida ao estudo das tradições orientais. Falando e escrevendo fluentemente o chinês, tornou-se bastante conhecido por suas traduções de textos chineses, sobretudo o *I Ching: O Livro das Mutações*, para o idioma inglês.

Dados Internacionais de Catalogação na Publicação (CIP)
(Câmara Brasileira do Livro, SP, Brasil)

Blofeld, John
A deusa da compaixão e do amor : o culto místico de Kuan Yin / John Blofeld ; tradução de Antônio de Padua Danesi e Gilson César Cardoso de Sousa. — São Paulo : IBRASA, 1994. — (Coleção gnose ; 43)

1. Budismo 2. Deuses 3. Kuan Yin 4. Tantrismo
I. Título. II. Série.

94-3511 CDD-294.34

Índices para catálogo sistemático:

1. Kuan Yin : Deusa : Culto místico : Budismo
294.33

A Deusa da Compaixão e do Amor

O Culto Místico de Kuan Yin

JOHN BLOFELD

Tradução de
Antônio de Pádua Danesi
e
Gilson César Cardoso de Sousa

IBRASA
INSTITUIÇÃO BRASILEIRA DE DIFUSÃO CULTURAL LTDA.
SÃO PAULO

Publicado originalmente na
Inglaterra por Thorsons, Divisão
da HarperCollins Publishers Ltd. sob o título:

IN SEARCH OF THE GODDESS OF COMPASSION

Capa de:
Mário Diniz da Silva Filho

Fotocomposição, paginação e filmes de:
Factash Fotocomposição Ltda.

Publicado em 2010

Direitos exclusivos para a
língua portuguesa no Brasil da

IBRASA
INSTITUIÇÃO BRASILEIRA DE DIFUSÃO CULTURAL LTDA.
Rua 13 de Maio, 446 - Tel.: 3284-8382
01327-000 - Bela Vista - São Paulo - SP

Impresso no Brasil — *Printed in Brazil*

Para Suwimol, minha filha e devota de Kuan Yin.

Agradecimentos

Sou profundamente grato a várias pessoas que se deram grande trabalho para fornecer-me valioso material em inglês e chinês, como também ilustrações, em especial o Venerável Hsüan Hua e seus discípulos do Mosteiro da Montanha Dourada, em San Francisco; incluo ainda meus bons amigos Shojun Bando, Hirofumi Ando (tradutor das quatro pequenas canções de peregrino japonesas), Gerald Yorke, David Kidd e Gary Thomson. Também sou muito grato às autoridades do Museu Britânico e ao major W. H. Edmonds, que me permitiram reproduzir fotografias de quadros e estátuas pertencentes às suas coleções. Reconheço, por fim, meu débito para com estas duas notáveis obras de referência, *Gods of Northern Buddhism*, de Getty, e *Pointers and Clues to Subjects in Chinese and Japanese Art*, de Edmund.

Sumário

Ilustrações

Introdução

Radiância fulgurante e imaculada
Sol do Saber que dissipa as trevas!
Sutra do Lótus

Esta é, em parte, a história de uma busca, de um avanço gradual rumo ao cerne de um enigma. Deparando-me, cerca de quarenta anos atrás, com a encantadora figura de Kuan Yin, por muitos conhecida como a Deusa do Amor chinesa, perguntei-me se ela era inteiramente simbólica ou poderia, em certo sentido, ser considerada *real*. A aventura começou numa noite em que, à luz vacilante das velas votivas, caminhei sozinho pelas trevas até o recesso de um templo. Os trêmulos lampejos, ferindo a escuridão, criavam uma atmosfera de mistério. Enquanto eu permanecia de pé, olhos erguidos para uma majestosa estátua em bronze de Kuan Yin, uma porta como que se abriu em minha mente e a deusa — posso jurá-lo! — *dignou-se falar comigo*. Imaginação? Pode muito bem ter sido assim, mas quem, em tão românticas circunstâncias, negaria que ela houvesse de fato falado? Desde então fiz-me seu desvelado servidor, o que não significa, entretanto, que eu acreditasse mesmo na deusa. Arrebatado por uma fascinação que nada tinha a ver com a crença ou a descrença, fui muito além da aparência que ela reveste para as pessoas simples e pude, ao fim, alcançar uma pálida compreensão de seu significado como um Bodhisattva celeste, espécie de ser insubstancial que encarna um dos mais elevados conceitos do budismo Mahayana. Percebendo-a como algo maior que um mito gracioso, expressão da ânsia dos pobres e solitários por compaixão, tanto mais razões tinha eu para amá-la; todavia, essa nova visão da deusa como encarnação do amor divino era até certo ponto desfigurada pelos poderes miraculosos que os sutras lhe atribuem. Suas descrições pareciam, a princípio, antes denegri-la que exalçar a sua sublimidade, afigurando-se excessivamente fantasiosas e mais adequadas a uma deusa popular do que a um Bodhisattva celeste. Esta era, claro, apenas uma visão pessoal.

Anos depois, graças à compreensão haurida dos ensinamentos de meus mestres chineses e tibetanos, cheguei ao que ainda cuido ser o seu verdadeiro significado... ou parte dele. *Ela é real* — não como Ártemis e Afrodite o foram aos olhos de seus adoradores, mas num sentido mais secreto e profundo. Entretanto, ao tentar estabelecer essa convicção, não procurei converter os outros à minha idéia. Já seria feliz se eles chegassem a amá-la, ainda que aos seus olhos ela permanecesse apenas como uma formosa concepção. A fim de colorir e avivar o retrato que dela esbocei, recorri a vários contos chineses e tibetanos que a mostram naquilo que, certa ou erradamente, chamaremos de os níveis inferior e mediano da compreensão. Além disso, consignei alguns de seus mantras e excertos apropriados dos sutras e manuais de meditação contemplativa. Tive muito a dizer, também, sobre os três progenitores de Kuan Yin: Avalokiteshvara (Chenresigs) e Tara, duas divindades muito queridas dos tibetanos, e a princesa chinesa Miao Shan, pois Kuan Yin é, misteriosamente, todas essas entidades juntas!

Talvez o retrato encontre boa acolhida não apenas junto aos interessados pelo budismo e pelas práticas iogues chinesas e tibetanas, mas também junto aos que visitaram templos e santuários de Kuan Yin enquanto viajavam por países asiáticos. Há a considerar ainda os incontáveis amantes da arte chinesa, que cederam aos encantos da deusa tanto em sua roupagem de mãe benévola quanto de donzela sorridente e doce. Gostaria de ter falado mais a seu respeito do ponto de vista da arte chinesa e japonesa, mas, infelizmente, as facilidades de pesquisa em Bangcoc são limitadas. Tal como ficou, a essência do que escrevi é mais mística do que estética; espero que encoraje aqueles que, não sendo necessariamente adeptos de um culto estabelecido, lograram vislumbrar a fagulha daquilo que Lao-tsé chamou de O Inominado e outrora inspirou os gregos a erigirem à beira da estrada um altar ao "Deus Desconhecido" — e, também, levou Wordsworth a entrever uma radiância sobrenatural banhando o mundo ao seu redor. O Inominado *é o que é*, muito além da esfera do pensamento conceptual, embora às vezes tenhamos a necessidade de aludir a ele simbolicamente. A meu ver, a forma gentilíssima de Kuan Yin é um símbolo mais valioso que a figura torturada de um ser suspenso da cruz ou de um deus-pai aterrorizante. Triviais e inexatos em relação à realidade que acobertam, tais símbolos têm a sua importância e devem ser escolhidos com cuidado. Se quisermos preservar nossa lucidez em meio à horrenda dilaceração mental do mundo moderno, cumpre buscar indícios de uma beleza serena por trás da lúgubre fachada visível aos nossos sentidos. Se pudéssemos *escolher* um símbolo dessa beleza (e por que não?), seria difícil encontrar uma forma mais gentil que a de Kuan Yin. Contudo, se a concepção chinesa da deusa parecer um tanto sedativa, poderemos optar por sua contrapartida e gêmea tibetana, a zombeteira e compassiva Tara!

JOHN BLOFELD

Capítulo I

O Enigma

Nenhum amante de visões amáveis,
Nascidas da mente e captadas
Pelo pincel do pintor
Ou pela mão do escultor,
Pode resistir
Ao fascínio de Kuan Yin.

Nenhum seguidor do Caminho,
Para além dos Portais Ocultos,
Reprime o anseio de desvendar o segredo
Refletido em seus olhos,
A fim de conhecer o que jaz por trás
De seu sorriso enigmático.

De onde veio esse ser luminoso,
Divina encarnação
Da pura compaixão?
De onde essa fé
No poder de Kuan Yin
Para transportar os seres sencientes
Pelo oceano do ***samsara****?*

Onde primeiro apareceu
E como recebeu
O melífluo nome
De Kuan Shih Yin,
Aquela-que-ouve-os-prantos?

Dessas perguntas, a última pode desde já ser respondida. Kuan Yin (ou, mais propriamente, Kuan Shih Yin) significa "Aquela-que-dá-ouvidos-aos-prantos-do-mundo" e é uma tradução do nome sânscrito de seu principal progenitor, Avalokiteshvara (ou Avalokita). Na Coréia e no Japão, mas sobretudo na China, antes que o Dilúvio Vermelho tragasse os templos ali existentes, Kuan Yin foi reverenciada pelo povo, como uma deusa, durante mil anos ou mais — embora, na verdade, não seja uma deusa, e sim um Bodhisattva celeste, outrora personificado em figura masculina, como ainda sucede às vezes hoje em dia. Sabem os doutos que ela não há de ser encontrada entre as divindades das montanhas, cavernas e fontes, nem inscrita entre os numes supremos do céu. Que ela tenha sido longamente venerada por todos os tipos de pessoas, desde pescadores até sábios taoístas em seus escarpados monastérios — como também por budistas leigos em geral —, deve-se isso ao apelo irresistível de uma deidade tão compassiva para com uma raça afeita à pobreza e à opressão ao longo de sua prolongada história.

Até há pouco, existiam santuários dedicados a Kuan Yin em todos os tipos de lugares, tanto da China quanto de países vizinhos; sempre que possível, eram construídos nas proximidades de rios ou a cavaleiro de um lago ou mar. Freqüentemente, os pintores a mostram sentada numa rocha, olhando por sobre as águas, ou de pé sobre uma pétala flutuante de lótus. Tem por morada uma ilha cercada pelo mar e muitos pescadores e barqueiros identificam-na com a sua própria deusa tutelar, de sorte que, algumas vezes, uma divindade reveste as características de outra. Creio ser melhor apresentá-la como uma deusa de pescadores, pois foi sob essa roupagem que eu próprio a vi pela primeira vez num templo a ela consagrado.

Não raro, durante uma viagem ao sul da China, havendo parado numa aldeia cerca de uma hora antes do pôr-do-sol e contratado acomodações para a noite na estalagem, deparei, passeando às margens de um rio ou ao longo do cais, com um sitiozinho aprazível e retirado onde se erguia um templo a Kuan Yin. No meio de um bosque ou perto do topo de uma colina, havia sempre um pórtico de cujos beirais recurvos pendia uma placa laqueada ostentando, em caracteres dourados, alguma inscrição alusiva ao seu nome. Mais adiante abria-se um pátio, às vezes tão estreito a ponto de merecer ser chamado "poço do céu", e finalmente um templo de teto fantástico, com paredes de tijolos cinzentos e portas de madeira laqueada. O primeiro que encontrei não passava de um recintozinho pouco maior que as capelas existentes em certas casas católicas da Inglaterra, ou talvez mais modesto ainda. A deusa era representada por uma arruinada estátua de gesso de cores já desmaiadas. Uma mesa tosca, revestida de laca vermelha toda trincada, fazia as vezes de altar. O local, apesar da visível pobreza, parecia bastante freqüentado. Observava ainda os velhos barrotes, as inscrições esmaecidas, as flâmulas esfarrapadas e as peças grosseiras de porcelana do altar quando ouvi o som de inúmeros passos no pátio. Não querendo atrapalhar, teria ido embora se o zelador, um velhote trajando calças surradas de algodão preto e uma camiseta cinza muito usada, não abrisse para mim um sorriso compreensivo e, por gestos, me convidasse a ficar.

Uma turba de barqueiras irrompeu. Vestindo pijamas de pano escuro e barato, algumas traziam largos chapéus de bambu caídos às costas, enquanto outras carregavam seus bebês confortavelmente instalados em mochilas de tecido carmesim presas aos casacos das mães, de pernas abertas e balançando. Olhando um tanto desconfiadas para o alto demônio estrangeiro vindo do Mar Ocidental, caíram de joelhos e tocaram três vezes o chão com a testa, exibindo uma graça inesperada da parte de pessoas tão rudes ("rudes" talvez seja pesado demais para descrever camponeses chineses, mas aquela gente decerto parecia levar vida muito difícil). Ergueram-se logo depois, exceto uma jovem em adiantado estado de gravidez, que continuou com a face encostada ao tapete. Acendendo velas e bastões de incenso apanhados numa mesa perto da porta, entoaram uma curta e nada afinada melodia, repetiram outra vez os seus salamaleques e se foram, precedidas pela moça grávida. O episódio todo não durou mais que três ou quatro minutos.

— O que foi isso? — perguntei ao zelador em meu chinês ainda claudicante, embora pouco mais me restasse a saber.

— A jovem traz a felicidade dentro de si. O senhor não viu? As outras são parentes dela. Vieram pedir que a criança seja um menino.

— E a moça vai mesmo ter um filho? — continuei, sorrindo.

— Kuan Yin é bondosa.

— Sei, sei. E o que a mãe precisa fazer para merecer o favor de Kuan Yin?

— Fazer? Quando a criança nascer, ela voltará para exprimir sua gratidão.

Simples assim. Mais tarde, um amigo chinês explicou-me que não era costume dos suplicantes fazer transações com a deusa. A mãe não precisava prometer ser boazinha ou ajustar que seu filho um dia retribuiria o favor de alguma forma. Kuan Yin, compassiva que é, ficaria naturalmente feliz em atender a semelhante desejo.

— Mas suponhamos que ela tenha uma menina? — insisti.

— Nesse caso, a recém-nascida estará destinada a uma existência singularmente afortunada. A deusa não negaria um pedido tão inofensivo sem uma boa razão.

Talvez o bom homem zombasse, mas a verdade é que suas palavras certamente concordavam com a crença das barqueiras. A concepção que os camponeses tinham de Kuan Yin não era nada complicada. Dela se esperava que agisse como uma mãe benevolente e compreensiva, desde que o pedido do suplicante não fosse mau em si. Nenhum grau de piedade ou boa conduta se exigia de quem a ela recorresse, apenas a crença inabalável no poder de ajudar de Kuan Yin. Essas divinas mães, ponderei tristemente, certamente não existem fora dos livros de histórias; mas era grato pensar na alegria e no conforto que camponeses e pescadores hauriam de sua crença singela. Com cerca de onze anos e freqüentando a escola pré-primária, o medo de que Deus me castigasse fazendo, por exemplo, com que meu boletim fosse ruim o bastante para provocar a ira de meus pais tornou-me bem mais virtuoso do que eu era por natureza — levando-me a dizer a verdade em momentos dos mais inconvenientes e a esvaziar os intestinos *diariamente* a fim de que os trechos que eu sublinhava em determinado livro não refletissem o meu real desempenho. Fiquei satisfeito ao saber que Kuan Yin exigia muito menos.

Para meu eterno desgosto, não visitei, enquanto estive na China, P'u T'o Shan (ou Montanha P'u-t'o-lo-k'a), uma ilha ao largo da costa de Chekiang que tira seu nome da palavra sânscrita Potala, cujo significado é Paraíso de Kuan Yin. Esse é, em todo o mundo, o lugar mais sagrado para os devotos da deusa. Uma das histórias com ele relacionadas fala de um asceta indiano que, ali chegando ao templo da Dinastia T'ang, penetrou na sagrada gruta Ch'ao-Yin (Gruta-onde-se-ouve-a-voz-da-maré) e queimou todos os dedos como oferenda a Kuan Yin! Que coisa mais inadequada! De todas as deidades do universo, nenhuma é mais avessa a sacrifícios do que a Deusa da Misericórdia. Melhor aceitar outra anedota popular sobre a antiga reivindicação de santidade da ilha; por ela, ficamos sabendo que Kuan Yin visitou-a em pessoa — acontecimento do qual permanecem pitorescos indícios sob a forma de pegadas visíveis no rochedo chamado Salto de Kuan Yin e cuja profundidade se deve ao impulso que a deusa deu para pular da ilha vizinha de Lo Chia Shan.

Em outro sentido, é claro que Kuan Yin habita permanentemente a ilha P'u T'o (a menos que já a tenha abandonado para não se curvar aos pensamentos de Mao Tsé-tung). Correm inúmeras histórias de suas visitações a peregrinos, quase sempre na gruta Ch'ao-Yin; nessas ocasiões, entretanto, ela se torna invisível aos visitantes que transgrediram gravemente os ditames da compaixão. Durante a maré alta a gruta é invadida por águas tão turbulentas que, de tempos em tempos, um gêiser de sete metros de altura irrompe por um buraco do teto; assim, os peregrinos têm de esperar a maré baixar para serem recebidos em audiência. Diz-se que o mais compassivo dentre todos pode ver a areia misteriosamente transformada num tapete de lótus branco, de onde um lótus róseo de enorme tamanho brota para formar o trono da deusa. É fácil zombar dessas histórias, mas estou certo de que a atmosfera da caverna possui uma qualidade mágica que predispõe as pessoas a esperar qualquer tipo de prodígio. Sei, por experiência própria em locais semelhantes, com quanta facilidade o ceticismo normal fica em suspenso. Que Kuan Yin seja vista com os olhos do rosto, disso duvido — mas, e quanto ao olho interior? Alguns dos que alegam ter tido essa visão são pessoas de probidade inatacável. Ao duvidarmos delas, o melhor que se pode dizer é que peregrinos vindos cheios de expectativa e dominados pela atmosfera fantástica do lugar imaginaram avistar aquilo que desejavam ardentemente ver. Pessoalmente, creio que ali havia algo mais que isso, mas há toda uma série de experiências que seria difícil classificar como puramente objetivas ou subjetivas, de modo que cada um de nós deve interpretar tais fenômenos da forma que melhor lhe convenha.

Precisei viver algum tempo na China antes de compreender exatamente o que os meus amigos budistas mais sapientes queriam dizer ao insistirem que Kuan Yin não era uma deusa, e sim um Bodhisattva celeste. Isso me foi primeiro explicado por um tal Sr. P'an, que conhecia alguma coisa de sânscrito e era quase uma autoridade em budismo chinês. Certa vez, ouvindo-me falar de Kuan Yin como deusa, pontificou com ar de reprovação:

— Não fale de Kuan Yin dessa maneira, Ah Jon. Você parece supor que, se forem budistas, até os mais estudiosos — "ratos de livraria", como os chamamos — compartilham essas crenças ingênuas dos camponeses.

Tendo apenas uma vaga idéia do que ele queria dizer, repliquei sorrindo:

— Eu ficaria encantado em chamá-la de Bodhisattva celeste, mas não será isso apenas outro nome para aquilo que, irreverentemente, poderíamos considerar uma superdeusa, isto é, alguém bem perto do topo da hierarquia celestial? Sinceramente, não vejo grande diferença.

Ele não pôde conter o riso. Mas depois, falando com seriedade, forneceu-me uma explicação metafísica até certo ponto inteligível. Contudo, o seu inglês, embora bastante bom, não estava à altura da tarefa e ele precisou correr escada acima em busca de um dicionário. Isso foi de pouca valia para quem tentava transferir de uma língua para outra a terminologia do budismo Mahayana. Registro portanto aqui o seu discurso (acrescido de boa cópia de conhecimento adquirido posteriormente), não como foi proferido, mas como penso que ele tencionava proferi-lo:

"Você deve entender, antes de tudo, que as nossas mentes não são separadas da Mente, a qual, se leu algumas obras Ch'an (Zen), saberá que é a única realidade. Conhecida em seu estado quiescente como o Grande Vazio, ou aquilo que vocês, ingleses, chamam Realidade Última, ela é, *simultaneamente*, o reino da forma: a "matriz das miríades de objetos", no dizer de Lao-Tsé. De modo algum podem eles ser concebidos como separados. O Grande Vazio e o reino da forma *não são dois!* Não há passagem de um para outro, senão apenas uma transmutação de nosso modo de percepção. A Mente é como um oceano ilimitado de luz, ou espaço infinito, de onde flui Bodhi, maravilhosa energia que nos impulsiona para a Iluminação. Mas para atingir a Iluminação precisamos de grandes reservas de sabedoria e compaixão perfeitamente unidas. A sabedoria inclui a percepção direta e total da inexistência do próprio eu ou da individualidade de qualquer objeto. A compaixão é o principal meio para destruirmos todo apego a uma personalidade ilusória. De Bodhi emanam fluxos particularizados de energia libertadora — as energias da sabedoria, da compaixão, da atividade pura que as combina, etc. Estas, por sua vez, se subdividem e se tornam assim mais acessíveis às mentes iludidas pela falsa noção de eus auto-existentes e objetos individualizados. De uma maneira maravilhosa, esses fluxos e subfluxos se encarnam em formas como as que se supõe possuam as divindades: os fluxos primários nos chamados Budas celestes, os secundários nos chamados Bodhisattvas celestes.

"O Buda Amitābha encarna a energia libertadora primária da compaixão; o Bodhisattva Avalokita encarna a sua emanação secundária. Essa doutrina deriva de uma tradição iogue ensinada na Universidade Nalanda, Índia, há quase dois milênios. Quanto a Kuan Yin, nossa encarnação chinesa da compaixão, era originalmente identificada como Avalokita e, portanto, visualizada com características masculinas. Supõem alguns que a mudança de sexo atribuída ao Bodhisattva ocorreu somente depois que uma lendária princesa chinesa chamada Miao Shan a ele se integrou graças à vigorosa influência de nosso folclore nativo. Isso, evidentemente, é um absurdo. As pessoas cultas não acreditam nas lendas de Miao Shan. Além do mais, seria impensável que nós, budistas chineses, depois de preservar escrupulosamente as doutrinas, práticas e símbolos trazidos da Índia por monges que jornadearam temerariamente por desertos escaldantes e montanhas geladas, pudéssemos permitir que semelhante mudança de sexo se desse por mero *descuido!* A chave do mistério me foi transmitida pelo mestre de meu mestre durante uma visita à Mongólia. Ali ele encontrou imagens de Tara, que os mongóis e os tibetanos reverenciam como a emanação feminina de Avalokita. Mais tarde o meu mestre, que apreciava coleções de pinturas antigas, viu várias delas, muito antigas, nas quais Kuan Yin era retratada de modo quase idêntico a Tara. Em outras palavras, por uma razão qualquer os chineses decidiram combinar Avalokita e Tara numa espécie de Avalokita feminino, a quem chamamos Kuan Yin."

Se o Sr. P'an estava ou não rigorosamente certo quanto à origem do costume de representar Kuan Yin em forma feminina, não importa: o Bodhisattva está longe de ser uma fantasia poética. Do ponto de vista iogue, corresponde a uma energia real, em perpétuo estado de latência na mente, embora as *formas* que revista possam ser deliberadamente humanas. Acredito também que os artistas que melhor conseguiram captar a magia dessas formas devem tê-las visto em suas meditações, pois somente na paz de uma contemplação exclusiva semelhante perfeição chega a ser revelada. A "realidade" do Bodhisattva não é difícil de aceitar, desde que se reconheça que até mesmo objetos aparentemente tão consistentes como os elefantes e as montanhas não passam de criações da Mente — não diferindo, portanto, dos sonhos, das fantasias, das visões e de tudo o mais que existe. Uma imagem mental de Kuan Yin não é, em última análise, coisa diversa do teto e do chão da sala onde se medita. Essa é uma visão mística, mas que pode ser amplamente aceita agora que tanto os filósofos quanto os cientistas se voltam para a crença de que o universo inteiro é uma criação mental.

Essa breve explicação da natureza dos Bodhisattvas celestes talvez não tenha sido, infelizmente, muito clara. No que se refere à percepção mística, as explicações quase nunca são satisfatórias, porquanto as palavras ou distorcem grandemente — ou diminuem — a realidade que pretendem transmitir. Devemos, de momento, pôr de parte a questão da existência de Kuan Yin; a tocante beleza do conceito de um ser incomparavelmente bondoso, cujo atributo principal é a compaixão pura e inamovível, já é em si mesma atraente o bastante para conquistar a nossa admiração. Mesmo quando rebaixada ao nível de deusa — e é assim que os pintores e escultores freqüentemente a retratam —, Kuan Yin é única dentro da hierarquia celeste por mostrar-se isenta de orgulho e sentimentos de vingança, relutando em punir até mesmo aqueles para quem uma boa lição seria salutar. A maldição da figueira estéril e a surra nos vendilhões do templo, que tanto desfiguram as encantadoras histórias do Evangelho, não encontram equivalente entre os feitos atribuídos a Kuan Yin.

Capítulo 2

Algumas Manifestações

Ouvir seu nome e contemplar sua forma
Liberta os seres de todos os males.
Sutra do Lótus

A embaixada das barqueiras ao templo de Kuan Yin mostra bem como os camponeses da China e países vizinhos a concebem. Vendo-a como uma deusa benevolente cuja natureza seria indelicado investigar, rejubilam-se porque ela é compassiva e generosa no atendimento das súplicas. Essa atitude descomplicada não se limita aos devotos iletrados das antigas religiões populares, pois mesmo entre os budistas da China e do Japão a distinção entre deidades e Bodhisattvas celestes é pouco nítida. Entretanto, os budistas mais eruditos vêem-na de outra forma. O relato que se segue, de uma experiência que foi bastante significativa para mim, prefacia duas outras histórias que servirão como ilustração preliminar dos modos como Kuan Yin é concebida. Uma delas, embora apenas aflore a doutrina da Mente Única, subjacente ao conceito do Bodhisattva celeste, mostra-a muito parecida a uma deusa, enquanto a outra nos transporta para um nível metafísico bem mais elevado.

Uma das três principais festas anuais de Kuan Yin, Aquela-que-ouve-os-prantos, cai no décimo nono dia do sexto mês lunar (por volta de julho). Durante séculos, a celebração consistiu em reuniões em sua honra, algumas realizadas no dia 12 do mês e que levavam nada menos que sete dias em ritos e meditações contemplativas centradas em Kuan Yin. Lamentavelmente, nos últimos anos as fileiras de seus seguidores minguaram a olhos vistos. Pelo que sei, essas festas ainda acontecem no Japão, na Coréia e em Cingapura, mas dificilmente na China ou no Vietnã.

Pouco depois de meu desembarque na China, achandome instalado num mosteiro aninhado entre as árvores da vertente ensolarada de uma modesta montanha sagrada, disseram-me que "o aniversário de Kuan Yin" seria celebrado naquela tarde em um templo das vizinhanças, a que ela presidia. Ao pôr-do-sol, pus-me a caminho. Quando cheguei, já a noite caíra. Densas nuvens obscureciam o céu, mas lanternas em forma de pêra, suspensas do teto elegantemente recurvo dos portões do templo, lançavam um círculo de intensa luz que podia ser visto à distância. Além, abria-se um pátio apinhado de adoradores, com os rostos iluminados pelos raios de uma centena de velas que escapavam pelas amplas portas do santuário. A maioria eram leigos, mas o brilho de algumas cabeças raspadas denunciava que monges e monjas dos mosteiros vizinhos também se encontravam ali. Todos se voltavam para o santuário, onde a estátua de Kuan Yin, de cor rósea, erguia-se diante de um belíssimo altar repleto de velas, uma grande trípode de bronze para queima de incenso e todo um aparato de vasos de porcelana repletos de oferendas de frutas e flores. Não se viam carnes de animais nem copos de vinho, pois até os camponeses intuem a diferença entre Kuan Yin e as divindades locais mais intemperantes; além disso, os zeladores do santuário teriam rejeitado semelhantes oferendas como impuras e desagradáveis ao Bodhisattva (embora não sendo monges, dificilmente as aceitariam para si próprios).

O ar noturno, impregnado da profusão de perfumes de sândalo, jasmim e flores de campo, estremecia quando o gongo percutia o grande tambor de madeira; respondiam-lhe os instrumentos de prata e bronze usados para marcar o ritmo do canto. Embora as mesmas e poucas palavras, *Namu ta-tzû ta-pei Kuan Shih Yin P'u-Sa* ("Honra à mui compassiva, à piedosíssima Kuan Shih Yin, Bodhisattva"), fossem repetidamente entoadas, o fervor dos participantes e as contínuas alterações sutis de ritmo baniam a monotonia, de sorte que a música me alçou a uma esfera de beleza e encantamento.

Mais alto que os atarracados sulistas à minha volta, eu podia ver tudo. O Bodhisattva era representado como uma graciosa e jovem dama de bochechas arredondadas e queixo de suaves contornos, sentada informalmente num trono de rocha, um joelho erguido tão alto que a elegante sandália vista por baixo de seu manto ficava no mesmo nível do outro joelho. Uma das mãos, muito finas, brincava com um ramo de salgueiro e a outra segurava um vaso de "orvalho doce", simbolizando o néctar da compaixão. De cada lado, talhados em menor escala, viam-se seus criados: Shan Ts'ai, um menino sorridente, e Lung Nü, a Donzela-Dragão, empunhando uma pérola gigante. Essas estátuas dificilmente poderiam ser obra de artistas locais; eram finamente esculpidas e ostentavam uma agradável vivacidade, embora eu as preferisse menos ornamentadas. Mas, considerando-se a sua postura distinta e a natureza dos símbolos que empunhava, aquela figura esplendidamente vestida e enfeitada quase poderia ser confundida com a de Maria retratada como Rainha do Céu pelos artistas do sul da Europa. Pelo menos superficialmente, suas roupas e ornamentos pareciam artefatos de Bizâncio. Impressionado com tamanho luxo, perguntei-me como esse ser de porte imperial se acomodaria aos ensinamentos bondosos e austeros de Buda; pois eu ainda precisava aprender que as formas exteriores, assumidas pelo budismo em diferentes países, conquanto extremamente variadas, não constituem desvios de suas doutrinas.

Nisso, uma lufada de vento arrebatou a fumaça do incenso para o céu, em nuvens tão adensadas que encobriram momentaneamente as feições do Bodhisattva, criando a sensação de um ser vivo cuja expressão se alterava e assumia uma beleza inimaginável. Como que repreendendo minha petulância em questionar sua vestimenta, pareceu pousar os olhos em mim e menear ligeiramente a cabeça.

Cônscio embora de que aquilo não era nenhum milagre, entrei em transe e procurei convencer-me de que a deusa de fato reparara em mim. E, o que é mais, bem diante dos umbrais de minha mente agitava-se como que uma intrigante reminiscência de alguém ou alguma coisa, objeto de um antigo amor há muito desaparecido da memória. O efeito era tão esmagador que eu queria rir e chorar ao mesmo tempo. Creio que foi essa reminiscência fugidia, mais que a ilusão provocada pela fumaça do incenso, a responsável pelo efeito que, em retrospecto, me parece mágico. Naquele instante, concebi pela Compassiva uma reverência que, longe de arrefecer com os anos, estava fadada a intensificar-se, embora por algum tempo não passasse de um capricho agradável. À época, eu ainda não sabia como conciliar a devoção profunda a uma deidade com a convicção de que as deidades não existem!

Sentia-me por demais comovido para prestar atenção ao que se passou em seguida. Sem dúvida, o longo período de invocações deu lugar à recitação do capítulo P'u Mên, do *Sutra do Lótus*, ou do Dhāranī da Grande Compaixão de Kuan Yin. O ritual deve ter terminado com um inspirador *crescendo* dos címbalos e tambores, seguido de um silêncio sobrenatural quando os oficiantes se prostraram; mas então eu já iniciara a caminhada pelas sombras rumo ao mosteiro onde estava hospedado. Ainda hoje me lembro do prazer que senti ao respirar o ar fresco da noite, purificado de cheiros desagradáveis, ouvindo o sussurro dos bambuzais ao vento e a carreira dos animaizinhos sob as moitas. Durante a caminhada, entreguei-me à poética fantasia de que a deusa procurara lembrar-me algo tremendamente importante para a minha felicidade. Essa impressão é fácil de manter quando se vagueia ao luar pelas encostas das montanhas, onde seres imortais têm sido adorados desde a aurora da história; a própria atmosfera vibra com a sugestão de sua presença. À parte de minha mente que apontava o absurdo de meu comportamento opus tenaz resistência, receoso de voltar a um mundo feio que, já naqueles dias, ia rapidamente caindo sob o domínio de monstros disfarçados em inventores e técnicos. Tendo resolvido escamotear a lógica, minha mente sublimou-se, conduzindo-me a um estado que beirava o êxtase. Gozei as primícias da sabedoria nascida da plena compreensão de que só a mente é real; os demônios da dualidade estavam momentaneamente subjugados, de forma que se tornou possível sustentar ao mesmo tempo duas facetas opostas da verdade.

De regresso ao mosteiro, enquanto aguardava que o porteiro noturno viesse receber-me, senti uma deliciosa fragrância que supus ser de origem sobrenatural até que, levantando os olhos, vi o pórtico repleto de ramos de uma árvore chamada em chinês *yeh-lai-hsiang* (perfume-da-noite), que recende seu aroma durante as primeiras horas da noite. O vasto pátio estava mergulhado na escuridão, com os monges ainda fora, celebrando o festival ou já recolhidos às celas para dormir ou meditar até serem chamados para o ritual da manhã, uma hora antes do nascer do sol. Notando as lâmpadas ainda cintilando no santuário deserto, veio-me um impulso repentino de entrar, passar pelas estátuas do Buda e chegar ao local onde, nos mosteiros chineses, é costume instalar a imagem de Kuan Yin. Pois lá estava ela, sobre uma concha que chegava quase à altura do meu peito. Era uma estátua de fino bronze de cerca de um metro, a mão direita erguida em atitude de bênção, os olhos oblíquos semicerrados em beatitude contemplativa. Tocos de velas pingavam ainda aos seus pés, mas os bastões de incenso acesos em sua honra haviam queimado até o fim, deixando no ar um cheiro acre e desagradável. Engraçado terem as divindades de aturar esse odor depois que os seus adoradores foram embora! Talvez quem aprecia oferendas votivas sejam, na verdade, os próprios adoradores. Após acender incenso novo, fiquei de pé à frente da deusa até o momento em que, levado por súbita exaltação, murmurei: — Ó Compassiva, falai e convencei-me de vossa realidade!

Quão tolo isso pode parecer, e quão envergonhado eu ficaria de pô-lo por escrito, se a seqüência mo não exigisse! Ainda com as palavras suspensas dos lábios, ponderei que um homem são não andaria bem em tentar travar conversa com uma estátua! Mas talvez eu tivesse alguma desculpa, pois, afora encontrar-me num estado mental especialíssimo, passara recentemente muito tempo na companhia de uns monges budistas que, embora pessoas de reconhecido bom-senso e erudição, nada veriam de surpreendente em semelhante conduta. Conforme se verificou depois, nenhuma justificativa era necessária — pois a verdade, a mais pura verdade, é que a estátua me respondeu prontamente, dizendo:

— Não procures a minha realidade no reino das aparências, nem no Vazio. Procura-a em tua própria mente, pois só ali ela reside.

Gostaria de poder tornar a história ainda mais extraordinária, afirmando que os lábios brônzeos se moveram, que a garganta maravilhosamente modelada emitiu sons melodiosos. Mas não foi assim. Nenhum som, nenhum movimento cortou o silêncio. As palavras enigmáticas penetraram em minha consciência como formas-pensamento, porém tão palpáveis que nem o próprio som provocaria efeito mais eletrizante ou tornaria sua seqüência mais exata. É difícil acreditar que, num tempo em que os meus conhecimentos do budismo Mahayana eram tão superficiais, eu pudesse arrancar tal pronunciamento de mim mesmo. Na época, confesso que não entendi o que a primeira sentença queria dizer. Tive a certeza de haver recebido um indício da existência de Kuan Yin — até o ponto em que o verbo "existir" constitui uma descrição adequada de sua natureza sutil. Utilizar essa palavra talvez exagere o caso, assim como dizer que ela não existe talvez o diminua. Minha experiência não foi fruto da imaginação. Essas percepções intuitivas são diretas demais, penetrantes demais para serem confundidas com fantasias corriqueiras. No entanto, durante anos hesitei em falar a esse respeito, exceto aos meus amigos chineses, capazes de compreender sua natureza. Hoje, entretanto, reconheço que não há propósito algum em esconder maravilhas simplesmente porque, atualmente, as pessoas tendem a desacreditá-las. De fato, um prodígio como esse não é considerado mágico por aqueles que reconhecem o poder soberano da mente sobre qualquer tipo de fenômeno.

Os crisântemos *são* ouro
Para quem assim os vê.
E o ouro é só metal
Até que as formas-pensamento
Lhe atribuam valor.

Há um conto moderno em que um cavaleiro tímido, amparado por uma palavra mágica que o fazia invulnerável, matou cinqüenta dragões como se fossem baratas. Desgraçadamente, quando estava ocupado em dar cabo do qüinquagésimo, ocorreu-lhe de súbito a idéia de que fora ludibriado por seu mestre ao depositar fé numa palavra qualquer e sem sentido. Nem é preciso dizer que o qüinquagésimo primeiro dragão e devorou num piscar-de-olhos! E no entanto poder-se-ia afirmar que a mágica forjada por sua fé na palavra sem sentido não era real? Ela o protegeu melhor que a armadura "real" e a espada "objetivamente existente"!

Um amigo meu chinês, de educação inglesa, contou-me uma história que esclarece plenamente essa visão da realidade:

"Como você sabe, embora minha mãe fosse budista, recebi toda a educação pré-universitária em escolas católicas, fui batizado aos dezesseis anos e mais tarde me casei com uma moça católica. Durante anos, fui um converso devoto tão bom quanto se poderia esperar de um homem como eu, um geólogo. Veio então a guerra, que empurrou tantos de nós para o oeste, ante o avanço japonês. Minha cidade natal sofreu cruelmente com as violações e morticínios indiscriminados. Não podia pensar em minha velha casa sem chorar. O trabalho que executava para uma empresa de prospecção estatal levou-me a regiões selvagens e desertas da província de Kweichow. Uma vez, mandaram-me procurar volfrâmio numa área montanhosa a seis ou sete dias de jornada da rodovia mais próxima. Em caminho, uma hora antes de nossa parada habitual para o almoço do meio-dia, confundi uma trilha de mulas com a estrada que vínhamos percorrendo e fui acabar longe dos homens que carregavam minha bagagem e o equipamento. Compreendendo que me perdera, mas faminto e convencido pelos montes de esterco fumegantes de que a trilha conduzia a habitações humanas, estuguei o passo. Subindo sempre, alcancei um ponto em que as nuvens bailavam sobre mim e pude ouvir o que me pareceu o alarido fantástico de gibões no alto das árvores. A cada curva esperava em vão topar pelo menos com a cabana de um lenhador, mas avançara demais, e não era prudente voltar sobre os meus passos. Precisava de comida e de alguém que me guiasse para onde meus carregadores estavam decerto me esperando.

"Um vento gelado começou a soprar dos altos cimeiros. A noite caía. Sons estranhos perpassavam à minha volta, alguns reconhecíveis como as vozes do vento e dos regatos, outros inexplicáveis e murmúreos como lamentos de fantasmas errantes. A cada passo mais o medo me assaltava, enquanto as névoas que circundavam os rochedos se adensavam. O terror de animais selvagens fez-me estremecer; quanto a bandidos, a respeito de quem a gente local contara histórias estarrecedoras, pouco me importava encontrá-los, desde que fossem seres humanos. Por fim, o pânico fez-me cair de joelhos à beira do caminho e com os dentes batendo, fiz uma prece à minha padroeira, Santa Bernadete, implorando que a doce menina (era assim que a imaginava) aparecesse e me conduzisse a local seguro. Enquanto houve luz, meus olhos a buscaram por entre as rochas. Concluí que, se ela não se manifestasse, iria enlouquecer ou até perder a vida!

"Mas lá ela estava, de pé sobre um outeiro achatado, o manto azul tremulando levemente ao sopro cruel do vento gélido. Sorria, como pude muito bem observar, pois em volta dela cintilava um nimbo de suave luminosidade. Aos poucos, veio-me a sensação de que havia algo de inesperado em sua face... e subitamente percebi o que era: tinha diante de mim uma Bernadete *chinesa*! O penteado alto, os colares, as calças de seda branca sob o casaco azul que descia à altura das coxas, tudo isso era próprio de uma nobre donzela chinesa de muitos séculos atrás.

"Venha, meu velho irmão", disse ela num mandarim melodioso e numa voz demasiado infantil para ter sido a de Bernadete, mesmo à época de seu primeiro encontro com a Virgem Maria. "Vou levá-lo aonde possa repousar em segurança, e amanhã tudo estará bem."

"Conduziu-me a uma gruta profunda, perto dali, bem

protegida do vento. O chão era tão macio quanto o melhor colchão e estou quase certo de haver vislumbrado um *pei-wo* (acolchoado), sem dúvida estofado de flocos tépidos de seda, ao cair no sono no próprio ato de deitar-me quando ela assim ordenou.

"No dia seguinte, acordei, após um sono profundo e demorado, já com o sol alto no céu. Não havia sinal de acolchoado, e o chão da caverna, longe de ser macio, estava coberto de seixos; no entanto, dormira tão confortavelmente como no quarto que outrora dividia com minha mãe, na querida cidade natal, a umas mil *li* de distância. Enquanto me lavava num regato próximo, uma fileira de mulas veio descendo a trilha, conduzida por três *lo-fu* montados. Com facilidade persuadi um deles a vender-me um pedaço de pão (ele o teria feito mesmo sem pagamento). Ainda graças à sua ajuda, pude reencontrar meu pessoal ao meio-dia do dia seguinte.

"Por mais de um ano pensei ter sido salvo por Santa Bernadete, embora não pudesse explicar sua extrema juventude e os traços orientais que ostentava. Então, certo dia, sucedeu-me buscar abrigo da chuva num templo abandonado, não longe de Chengtu; e ali, numa pequena capela, deparei com um afresco esmaecido que apresentava Kuan Yin trajando um simples manto azul de algodão, sem os ornamentos usuais. Sentada à beira-mar, serviam-na, como sempre, Shan Ts'ai e Lung Nü. Espantado, reconheci em Lung Nü a minha Bernadete: Até as vestes eram as mesmas, mas já agora ela não trazia colares ao pescoço. Pensando nessas jóias, veio-me à lembrança um quadro parecido, existente no quarto de minha irmã, que mostrava tanto Kuan Yin quanto Lung Nü revestidas de esplêndidos adornos. Então era aquilo! Você dirá que a mocinha que me salvou naquela gélida noite não era nem Bernadete, nem Lung Nü, mas apenas uma reminiscência infantil que aflorou em uma mente aterrada. E estaria certo... em parte! Pois reminiscências infantis não guiam extraviados a cavernas desconhecidas, não transformam rochas e seixos em leitos confortáveis, não conjuram *pei-wos* dos ares nem afastam o frio mortal.

"Mas num certo sentido você tem razão. Tratava-se *mesmo* daquela lembrança. E também de Lung Nü em pessoa, piedosamente enviada por Kuan Yin. Havendo desde então estudado em profundidade a doutrina Mahayana da Mente Única, não vejo contradição entre as duas coisas. Chegado aos limites da sanidade, implorei a ajuda divina e a ajuda divina veio *instantaneamente* — numa forma condizente com os conteúdos de minha mente. Foi como aparição mental que Lung Nü apareceu e tirou de minha mente o calor e o conforto que me fizeram suportar, fisicamente, a violência do frio. Negaria você que foi um milagre produzido pelo Bodhisattva que em menino reverenciei? Todos os milagres são assim: operam por meio da mente. Por certo o Bodhisattva não veio em pessoa. Delicada demais para aparecer a alguém que invocava uma deusa estrangeira, Kuan Yin mandou em seu lugar Lung Nü, que eu poderia tomar pela menina santa a quem esperava. Atribuir a minha boa fortuna ao funcionamento maravilhoso da mente e explicá-la como intervenção do Bodhisattva são duas maneiras de exprimir a mesma verdade."

Tenho refletido muito sobre a experiência sábia e aberta do mineralogista. Sua compreensão penetrante do problema explica inúmeras ocorrências similares, cobrindo o abismo entre o mágico e o psicológico. Anos mais tarde, tive a oportunidade de ouvir em segunda mão o relato de outra história, de teor diferente mas igualmente ilustrativa da identidade da intervenção miraculosa vinda de "dentro" e de "fora" da mente. Para entender o que o narrador quer dizer, é preciso saber que, enquanto Kuan Yin — apesar de descrita como membro de uma trindade composta pelo Buda Amitābha no centro e os Bodhisattvas

Kuan Yin e Ta Shih-Chih de cada lado — é também adorada independentemente por milhões, esse não é o caso de Ta Shih-Chih. Trata-se de uma entidade que parece ter-se desvanecido da consciência humana, sendo portanto raras vezes invocada por si mesma. Disseram-me que o narrador era um cavalheiro bastante idoso, chamado Ch'ên, que passara os últimos quarenta anos de sua vida como recluso.

"Nos meus verdes anos, enquanto me preparava para os exames de admissão ao serviço civil imperial, não ignorava que isso constituía, para os jovens instruídos, a coisa mais importante na vida. Tudo dependia do êxito — não apenas posição e fortuna, mas também o prestígio trazido à família e a possibilidade de servir à sociedade proveitosamente. O senhor não imagina com que afinco nos debruçávamos sobre os velhos clássicos, fatigando os olhos em leituras noite adentro, à luz mortiça de uma lamparina de óleo. Não estranha que muitos de nós tenhamos ficado curvados muito cedo na vida! A coisa, para mim e meus quatro irmãos, foi particularmente espinhosa. Nosso pai, que amava os sutras budistas ainda mais que os clássicos confucionistas, obrigou-nos a destinar-lhes também boa parte do tempo disponível! Não sei se, nessa tarefa extra, resmungamos tanto quanto apreciamos o esplendor, o alcance e a profundidade de sua filosofia. "Vocês terão", dizia sempre meu pai, "que prosseguir esses estudos até que o significado dos quatro caracteres FEI K'UNG CHING K'UNG (vacuidade do não-vazio) se torne tão claro quanto o disco do sol coruscando num céu outonal sem nuvens."

"Algumas noites, quando me sentia particularmente esfalfado, gostava de imaginar que a piedosa Kuan Yin me apareceria na biblioteca, envolta num clarão de luz. Isso jamais deixou de dissipar a minha fadiga, deixando-me tão alerta quanto de manhã. Conseguia então ler os sutras rapidamente, sem dificuldade e com enorme proveito. Não afirmo que a tenha visto de fato, a não ser com os olhos da mente, mas sabia quando e como ela sorria com doçura — e se estava desagradada com o sentimento, que às vezes me invadia, de que a leitura de tantos sutras era uma maçada insuportável. Meu quarto irmão, que era doente e foi o único que não passou nos exames, gostava extremamente de mim. Quando sós, púnhamos de parte as formalidades que os mais novos precisavam mostrar em público para com os mais velhos mesmo em se tratando de irmãos praticamente da mesma idade. Certa feita, estando eu a descrever aquilo que gostava de chamar de a manifestação pessoal do Bodhisattva, ele aparteou, sorrindo:

— Como você se auto-incensa, Segundo Irmão! Essas coisas não acontecem. E se acontecem, por que é sempre Kuan Yin e não Ta Shih-Chih que aparece? O quadro em nosso quarto mostra os dois, eles recebem a mesma porção de incenso, mesuras e tudo o mais. Por que Ta Shih-Chih não assume a sua parte nos cuidados que lhe são ministrados? Porque você o esquece e, dessa forma, ele não desempenha papel algum em sua imaginação. Porque tudo isso *é* imaginação, diga você o que disser.

"Aquelas palavras me deram o que pensar. Eu não concordava com seu argumento principal, mas ele me fez sentir culpado em relação a Ta Shih-Chih, o Bodhisattva que ninguém reverencia a não ser como elemento de uma trindade. Comecei por dirigir-lhe preces especiais. Durante vários meses só fui dormir depois de sentar-me com as pernas cruzadas na cama e visualizar Ta Shih-Chih. Mas, quando o invocava em lugar de Kuan Yin, nada sucedia. Nada. Finalmente, conversei a respeito disso com meu pai. Incapaz de explicar, ele me mandou a um mosteiro situado a poucas *li* da cidade, num sítio sobranceiro a um regato bordejado de velhos salgueiros — o emblema de Kuan Yin. Informado do motivo de minha visita, o velho mestre Tripitaka que ali presidia sorriu e disse:

— Apenas sozinho você poderá invocá-lo.

— O senhor quer dizer, Venerável, que os Bodhisattvas são meras formas na mente das pessoas? — protestei, espantado de ver um monge falando daquela maneira. Ao vê-lo balançar vigorosamente a cabeça, prossegui:

— Mas, se são reais, por que é preciso que tantas mentes lhes forneçam energia para se manifestarem?

— Que discípulo ignorante você é! — replicou ele, rindo. Sem dúvida você sabe que não *existem* muitas mentes, mas apenas a Mente. Todos os Budas, todos os Bodhisattvas, todas as miríades de objetos existem nessa Mente única. E como poderia ser diferente? O que se encontra em sua mente encontra-se, é óbvio, na própria Mente; ainda assim, enquanto não dissipar as formidáveis montanhas de sombras acumuladas pelo carma merecido em vidas anteriores, você não terá a capacidade de gerar uma resposta aos tênues pensamentos que colocou. Com Kuan Yin o caso é diferente, pois milhões de seres a invocam. Compreende agora?

— "Venerável Mestre, este indigno discípulo pôde apreender algo do teor profundo de vosso luminoso ensinamento", respondi formalmente, mas sem estar certo do que dizia. Satisfeito, ele ergueu a taça num gesto de despedida.

"Naquela noite, fiquei acordado até mais tarde que os meus irmãos. O garoto encarregado da biblioteca, que tinha ordem de meu pai para permanecer nas imediações até que o último de nós lhe devolvesse os livros para guardar, encheu meu copo três vezes antes que eu me lembrasse de autorizá-lo a ir dormir, prometendo-lhe que eu mesmo me incumbiria de guardar os livros em seus estojos azuis. Mal o estremunhado rapazola saiu, o fundo fracamente iluminado da biblioteca ganhou uma suave radiância, e, caindo eu de joelhos, uma figura esbelta, majestosamente alta e ricamente trajada (que tomei por Kuan Yin), surgiu no centro daquela fosforescência intensa, mas não ofuscante. Como, exceto pelo capuz, as roupas dos dois Bodhisattvas são parecidas, levei alguns momentos para reconhecer Ta Shih-Chih, cercado de um nimbo de chamas douradas.

— "Segundinho — proclamou ele numa voz melodiosa, chamando-me informalmente pelo apelido familiar — "O Venerável Mestre Tripitaka errou. Saiba que a tua própria mente é, em si mesma, imensurável; ela contém miríades e miríades de universos, cada qual mais vasto do que a tua compreensão pode apreender. O poder ilimitado que existe nessa infinitude de universos seria teu se mostrasses sabedoria suficiente para utilizá-lo. O mesmo se aplica a todos os seres sencientes. Como a tua fé em mim não estava plenamente desenvolvida, sempre surgi ante teus olhos como Kuan Yin, e não como agora. Achas mesmo que somos dois? *Dois* na grande Mente, onde não existem dois? Ficará um Bodhisattva magoado enquanto outro for solicitado? Para não falar em Bodhisattvas, quando uma única abelha suga mel, todos os seres nas miríades de universos sugam-no também; quando um verme é esmagado, todos os seres desses universos são igualmente esmagados. Lembra-te de que a fonte de todo o poder jaz dentro de ti mesmo e deixa dessa tolice de querer ter mais visões."

"A doce visão esfumou-se e desapareceu. Desde então, nunca mais me preocupei em evocar esses entes, exceto durante a meditação, é claro. Querer haurir deles um poder superior ao de nossa própria mente devido apenas às nossas sombrias obstruções cármicas é o mesmo, no dizer dos sutras, que 'procurar uma cabeça em cima da nossa'! Quando, outrora, Kuan Yin dissipava minha fadiga, era porque minha mente queria que a fadiga se fosse, mas necessitava do estímulo da presença do Bodhisattva para funcionar assim.

"Creia-me, senhor, os Bodhisattvas são tão reais quanto a terra e o céu; são dotados de infinito poder para ajudar os seres caídos em desgraça, mas existem dentro da nossa mente comum, a qual, para falar a verdade, é o próprio *recipiente* do céu e da terra."

Tanto a história do mineralogista quanto a do velho Ch'ên ilustram um conceito difícil de apreender, e talvez mesmo inapreensível antes da Iluminação; mas elas deixam claro que, se Kuan Yin é tida por alguns como criação mental e por outros como um ser muito semelhante a uma deusa, isso não quer dizer que um ponto de vista esteja correto e o outro errado. Ela é tanto uma abstração quanto uma deusa; o modo como é vista depende apenas da expectativa e da mente de cada um. Todas essas atitudes mentais, embora concebíveis como "superiores" ou "inferiores" no sentido de exibirem mais ou menos sabedoria e compreensão, estão provavelmente tão longe da verdade última quanto são negligenciáveis as disparidades das pessoas em grau de sabedoria. Tampouco é certo que o fato de perceber um Bodhisattva como um ser semelhante a um deus ou deusa demonstre um grau menor de sabedoria. Não se trata aqui de alto ou baixo, exceto em se tratando de contextos relativos e provisórios.

Para as rãs do tanque do templo
As hastes de lótus são altas.
Para os Deuses do Monte Everest
Um elefante é minúsculo.

Capítulo 3

A Gênese Indiana e Tibetana de Kuan Yin

Senhor Universalmente Adorado e Perfeito,
Dizei-me agora, eu vos peço,
Por que este santo Bodhisattva
É conhecido como Kuan Shih Yin.
Sutra do Lótus

Quando o Dilúvio Vermelho inundou a China, o budismo não era ali a fé universal, como o é na Tailândia e em alguns outros países. Talvez apenas um chinês em dez fosse budista e, mesmo assim, não no sentido exclusivista de rejeitar outras religiões. As classes cultas, com raríssimas exceções, tendiam a acatar o confucionismo, segundo uma tradição ético-agnóstica que via com desconfiança os credos exigentes de algo mais que a reverência pelo Céu (enquanto princípio moral ou força natural) e a execução de ritos em memória dos espíritos dos ancestrais. A gente comum reverenciava dezenas de milhares de deuses a quem via sob forma humana, posto que em escala superior. Na mente popular, Kuan Yin ficava à margem dessa turba de divindades devido apenas à sua inefável doçura e piedosa disposição; na visão popular, os Bodhisattvas não diferiam, por natureza, dos deuses. O quadro que emerge da história relatada no capítulo anterior mostra-a tal qual aparecia aos olhos dos relativamente poucos budistas chineses substancialmente cultos. Tendo-a contemplado assim, vamos agora examinar suas origens indianas e explicar o estranho fato de que, embora idêntica no passado ao Bodhisattva masculino Avalokita, foi por largo tempo representada na China e países vizinhos em forma de mulher.

Talvez a confusão, na mente popular, entre Bodhisattvas e deuses e deusas locais haja permitido à princesa Miao Shan, legendária figura chinesa de extraordinária compaixão, assimilar-se a Kuan Yin. Pessoalmente, entretanto, duvido que tal assimilação tenha ocorrido antes de o Bodhisattva passar a ser visto como do sexo feminino. Seja como for, quando consideramos Kuan Yin à luz do budismo ortodoxo, podemos descartar os acrescentamentos de Miao Shan.

Os sutras introduzidos a partir da Índia explicam metaforicamente a origem dos diversos Bodhisāttvas. Está escrito, por exemplo, que Avalokita, empunhando uma flor de lótus, nasceu de um raio de luz expelido pelo olho direito do Buda Amithāba — e que esse ser nascido miraculosamente logo proferiu as sílabas OM MANI PADME HŪM. Tal é, provavelmente, a maneira poética de dizer que Avalokita constitui a emanação secundária da energia da compaixão, sendo esse o mantra com o qual ele deve ser invocado.

Dado que Avalokita foi amplamente venerado na Índia ao longo dos séculos gloriosos da Universidade de Nalanda, sucedeu que o seu culto alcançou o Tibete no século VII da Era Cristã, ao mesmo tempo que o budismo era ali introduzido por Padma Sambhava (o Sábio Nascido do Lótus), conhecido como o Precioso Guru. Desde cedo o Bodhisattva Avalokita foi adotado como divindade tutelar do Tibete e seu mantra ganhou vasta popularidade. Muitos tibetanos passaram a vê-lo como o representante terreno de Buda e principal guardião do Dharma (Doutrina Sagrada) até que, no próximo éon, venha o Buda Maitréia. Jamais o pintaram ou visualizaram sob forma feminina, e ainda há pouco Sua Santidade o Dalai Lama (o qual, como encarnação de Avalokita, deve ser autoridade incontestável no assunto) explicou-me que os tibetanos achariam errônea semelhante atitude.

Quando, já nos albores do século I d.C., a prática de invocar Avalokita começou a se espalhar pela China, ninguém imaginou representá-lo como mulher; ademais, os peregrinos chineses Fa Hsien e Hsüan Tsang, que visitaram a Índia nos séculos V e VII, respectivamente, não viram tais representações nem lá nem na China. Entretanto, na altura do século XII, imagens femininas do Bodhisattva logo se tornaram comuns tanto na China quanto no Japão. Por quê? As opiniões dos estudiosos não lançam luz sobre o problema; suas estimativas da data em que a primeira dessas imagens femininas apareceu variam do século VII ao século XIII! Ninguém dá fé ao reduzido número de pessoas que asseveram terem sido essas imagens adoradas na Índia e no Nepal *antes* que tal acontecesse na China; e, quando o culto de Avalokita (com o nome de Lokeshvara) disseminou-se da Índia para Champa e o Camboja, nos séculos IX e X, sua forma ainda era masculina — como o é no Tibete e na Mongólia atualmente. Não, a mudança parece ter-se operado mesmo na China, seguramente não muito antes do século VIII e não muito depois do século XI.

Existem boas razões psicológicas para visualizar a compaixão sob forma feminina; todavia, embora isso possa ter tido alguma influência, não fornece, penso eu, a solução cabal. O Sutra Saddharma Pundarika afirma que, das 337 encarnações de Avalokiteshvara, *todas foram masculinas* e humanas, exceto uma (quando o Bodhisattva assumiu a forma do cavalo Balāka e resgatou uma encarnação do futuro Buda das mãos de uma horda de demônios Rākshāsha que o acossavam disfarçados de mulheres). Tendo em vista que o que se diz de Avalokita no *Sutra do Lótus* apenas lhe atribui a *capacidade* para assumir a forma feminina quando necessário, mas não afirma que ele alguma vez tenha renascido como mulher, o enigma pode ser assim equacionado:

A forma de Avalokita é masculina;

Kuan Yin foi, durante séculos, concebida sob forma feminina;

Contudo, Avalokita e Kuan Yin são, respectivamente, os nomes indiano e chinês para o mesmo ser.

Falta alguma coisa?

Para mim, o Sr. P'an estava certo ao supor que a solução envolve uma encarnação terciária indo-tibetana da compaixão, Tara, a formosa divindade feminina capaz de se manifestar sob vinte e uma formas diferentes para socorrer os desventurados. "Nascida de uma lágrima vertida por Avalokita compadecido do mundo" (isto é, emanada do Bodhisattva da compaixão), goza de imensa popularidade no Tibete e na Mongólia, onde os devotos lhe creditam duas funções: libertar os seres dos males presentes e ajudá-los a desvencilhar-se das ilusões que os mantêm presos ao *samsara*. Ora, essas são exatamente as funções atribuídas a Kuan Yin!

Atualmente, Tara não é muito conhecida na China e no Japão (exceto entre as pessoas familiarizadas com a tradição tibetana) e poucas efígies suas poderão ser vistas ali. Mas um ser tão atraente, amparado por tantas tradições canônicas de peso, haveria de ser muito bem aceito se outras maneiras de pintar a compaixão e seus poderes libertadores sob forma feminina não tivessem sido cogitadas. Pois, a meu ver, foi precisamente isso o que aconteceu! Os chineses sempre tenderam a visualizar as divindades benignas sob forma humana idealizada. Conforme se verá por uma história divertida a seguir, eles não se sentem à vontade com representações eriçadas de braços e cabeças, tão caras aos corações indianos. Infelizmente, todas as formas de Avalokita inclinam-se para o bizarro; ora ele é munido de onze cabeças para detectar o sofrimento e de mil braços para socorrer as vítimas, ora ostenta três cabeças alinhadas, ora uma só cabeça mas quatro braços e assim por diante. Para os muito humanos chineses, tais formas eram estranhas e impróprias para descrever a tocante compaixão de uma mãe por seu filho. A deliciosa Tara, aqui como bondosa matrona, ali como donzela sedutora, pareceria infinitamente mais atrativa à mente chinesa. Por razões religiosas, os budistas chineses não poderiam repelir (!) o culto do Bodhisattva Avalokita; por outro lado, uma vez que as formas assumidas pelas deidades dependem em parte do artista ou da pessoa que medita, não havia objeção à visualização de Avalokita numa forma parecida com a de Tara; e, se isso fosse feito, para que as duas corporificações? Assim, as duas se fundiram em uma, preparando o caminho para a assimilação da princesa Miao Shan — um ser compassivo da linhagem das deusas.

Tudo isso pode parecer uma racionalização pessoal e sem substância alguma. Mas *há* aí uma evidência persuasiva, conforme pude confirmar recentemente. De visita ao Japão este ano, numa época em que a beleza dos ramos das ameixeiras vistas contra um fundo de neve cede lugar ao delicado recorte das cerejeiras, deparei com três antigas pinturas de Kuan Yin, ou Kwannon-Sama, como é conhecida naquele país. Por várias razões, não havia dúvida de que a figura retratada *era* Kuan Yin... mas a postura e os *mudras* formados pelos dedos de ambas as mãos lembravam Tara! Além disso, há no Museu Britânico uma pintura em que o personagem central é claramente Kuan Yin, acompanhada de seus discípulos chineses Shan Ts'ai e Lung Nü — mas, outra vez, sua postura é a de Tara! Por certo, essas pinturas pertencem a uma época em que as formas de Tara e Kuan Yin começavam a misturar-se.

Considerado esotericamente, o sexo atribuído aos Bodhisattvas celestes carece de importância, pois eles são vistos como formas de meditação não de *seres*, mas da-

Diagrama 1: *Gênese das Representações Femininas de Kuan Yin*

BODHI

↓

BUDA AMITĀBHA
Corporificação primária
da compaixão

↓

BODHISATTVA
AVALOKITA
Corporificação secundária
da compaixão
(masculina)

TARA
Divina emanação
do Bodhisattva
(feminina)

MIAO SHAN
e outros símbolos do
impulso para
a compaixão
(feminina)

KUAN YIN
(feminina)

Diagrama 2: *Significação Esotéria dessa Gênese*

ILUMINAÇÃO EM FORMA
LATENTE

↓

LUZ ILIMITADA,
seu princípio ativo

↓

ENERGIA DA COMPAIXÃO
que gera o
esforço para a
Iluminação

PODER
SALVADOR DA
COMPAIXÃO
visualizado como
mãe/donzela
(Conceito do
Bodhisattva
celeste)

INCENTIVO AO
SACRIFÍCIO
alegria pelos outros
(Conceito do
Bohisattava
humano)

KUAN YIN

quilo que se poderia chamar forças cósmicas. Os estudiosos e os amantes da arte, por outro lado, dão grande importância aos pormenores da iconografia. Eu ficaria deliciado se minha interpretação de um enigma intrigante estimulasse mais amplos estudos das pinturas e estátuas antigas de Kuan Yin, os quais talvez determinassem com maior precisão quando ocorreu a mudança de sexo a ela atribuída.

Kuan Yin, apesar de ter assimilado Tara (e Miao Shan), conserva na mente de seus devotos chineses plena identidade com Avalokita, de sorte que o que se diz dele nos sutras aplica-se igualmente a ela. Esse Bodhisattva, como vimos, teria nascido de um raio expelido pelo olho direito do Buda Amitābha; por conseguinte, no começo ele devia ser um Bodhisattva celeste. No entanto, o *Surangama Sūtra* relata a história de sua Iluminação sugerindo que só mais tarde ele obteve a condição de Bodhisattva. De que modo esses dois relatos se conciliam, ignoro-o, mas a passagem do sutra alude ao nome de Kuan Yin, Aquela-que-escuta-os-prantos, pois aborda de modo amplo a faculdade de escutar.

Começa com o Bodhisattva atestando, perante uma concorrida assembléia de seres humanos e divinos presidida pelo Buda, como, muitos éons antes, obteve a Iluminação meditando sobre o som. Abstraindo mentalmente a audição de seu objeto e depois eliminando ambos os conceitos, percebera a princípio que tanto o barulho quanto o silêncio são ilusórios — para, em seguida, compreender a não-existência até mesmo dessa sutil percepção. "Inexistentes que são, o sujeito (ouvinte e audição) e o objeto (som) misturam-se no Vazio, tornando-se a consciência da vacuidade um elemento que a tudo abarca. Depois que a consciência da existência e da não-existência se desvanece, sobrevém o Nirvana." Assim Iluminado, Avalokita (Kuan Yin) adquire dois méritos: a compaixão profunda, que procede de Bodhi, e a simpatia por todos os tipos de seres mergulhados no oceano ilusório do *samsara*. Além disso, sabe-se que ele alcançou o poder de se manifestar sob trinta e duas formas corpóreas a fim de ajudar as várias espécies de seres e, também, o poder de conferir catorze tipos de coragem. Tudo foi fruto da Iluminação obtida graças ao uso da "audição ilusória" para o desenvolvimento da "Audição Absoluta". Depois que o Bodhisattva falou, a assembléia concluiu que, dos vinte e cinco métodos de controle da mente que estavam debatendo, a meditação sobre o processo de ouvir era a mais adequada aos espíritos inexperientes. Os mestres Ch'an (Zen) às vezes citam essa passagem em relação ao método *koan* de meditação que emprega fórmulas verbais, e o mesmo vale para os mestres da Seita da Terra Pura, pois a faculdade de ouvir está intimamente ligada à prática da concentração no "nome sagrado".

Como o Buda Amitābha, do qual emana, Avalokita é amado por sua renúncia à paz final do Nirvana enquanto existirem seres sencientes ainda perdidos no oceano do *samsara*. Para os crentes esse é um voto estupendo, já que mantém a criatura presa ao *samsara* durante um número incalculável de éons. Não admira que Avalokita (Kuan Yin) seja adorado por milhões! Mesmo assim os seres humanos, sendo o que são, costumam implorar a ajuda do Bodhisattva para minorar as aflições momentâneas ao invés de se servirem dela para fugir às tribulações do *samsara*; ora, quem dentre eles for budista sabe muito bem que, enquanto o *samsara* não for transcendido, as aflições continuarão a cair tão copiosamente quanto a chuva!

Outro sutra concernente a Avalokita é bem mais metafísico e explica a reverência que os doutos lhe tributam. Inúmeros budistas chineses e japoneses comprometem-se solenemente a recitar esse Sutra do Coração da Suprema Sabedoria em todos os dias de suas vidas. Embora não ocupe mais que um parágrafo, ele apresenta a quintessência dos "Ensinamentos da sabedoria" que andam dispersos por centenas e centenas de páginas versificadas. Esse sutra demole corajosamente a ilusão última, o erro dos erros, a causa básica de vaguearmos de éon em éon, nascendo e morrendo, morrendo e renascendo: *a crença num eu real e permanente.* Só quando se percebe verdadeiramente a natureza enganosa do eu é que a Iluminação é atingida e a paz do Nirvana conquistada! A fim de levar o ouvinte à apreensão instantânea dessa verdade, o que se diz a Kuan Tzû-Tsai (outro nome de Kuan Yin) no sutra demole *aparentemente*, golpe após golpe, o mais conhecido, reverenciado e importante dos ensinamentos anteriores de Buda. Mas, se para o budista tradicional ouvir isso pela primeira vez pode constituir um impacto tremendo, assustador (até que se apreenda seu conteúdo subjacente), para o desconhecedor da teoria budista o texto, em si, talvez pareça um tanto insípido. Assim, com o fito de fornecer pelo menos um vislumbre de sua qualidade dramática, apresento-o mais ou menos como costuma ser exposto a assembléias leigas pelos cultos mestres Tripitaka. Imagine-se um sujeito magro, vestido de cinza, cabeça raspada e sentado de pernas cruzadas em seu trono de pregação, olhos brilhantes de entusiasmo por comunicar uma verdade de suprema importância para quem tem ouvidos de ouvir. Juntando as palmas das mãos, primeiro entoa o título do sutra: "Mahāprajñāpāramitā Hsin Ching!" (Sutra do Coração da Suprema Sabedoria!). Então, começando com um tom de voz suave que se vai exaltando à medida que prossegue, ensina:

"Discípulos do Buda, como bem sabeis, o Bem-aventurado nos ensinou que não existe o eu, que todo ser vivo é apenas um conglomerado de cinco *skandhas* (agregados): forma, sensação, percepção, discriminação e consciência disso tudo. Ouvi agora o supremo ensinamento que ele proclamou no Sutra do Coração aos homens e mulheres de profundo entendimento: *'O Bodhisattva Kuan Tzû-Tsai, empenhado na prática profunda da Suprema Sabedoria, percebeu que todos os cinco agregados são vazios, estando por isso além de todas as formas de sofrimento'.* O Bodhisattva da Compaixão atingiu a suprema realização ao reconhecer que nem mesmo os cinco agregados possuem realidade, não passando de bolhas, sonhos, miragens. Eis aí a sua suprema sabedoria. *'Ó Sariputra'*, continuou, dirigindo-se ao seu discípulo, *'a forma não difere do vazio, nem o vazio da forma. A forma É o vazio; o vazio É a forma. O mesmo acontece com a sensação, a percepção, a discriminação e a consciência. Sariputra, tudo isso está marcado pela vacuidade, nem vindo a ser nem deixando de ser, nem puro nem impuro, nem aumentando nem diminuindo.'* Aprendestes também que os seres e os objetos, segundo o Buda, derivam suas aparências de uma combinação de dezoito 'esferas dos sentidos', a saber, os seis órgãos dos sentidos (incluindo a mente), os seis tipos de percepção sensorial e as seis formas de consciência a que dão origem. Mas no Sutra do Coração ensina o Bem-aventurado: *'Portanto, dentro do vazio não há forma, sensação, percepção, discriminação ou consciência; não há olhos, ouvidos, nariz, língua, corpo ou mente; não há forma, som, cheiro, gosto, toque ou pensamento; não há nada que passe dos olhos para a mente'.* Tal é a profunda percepção de Kuan Yin, o Bodhisattva que o Abençoado louvou.

"Tendes ouvido que as criaturas devem sofrer sucessivos nascimentos no *samsara*, presas que estão pela duodécupla cadeia da causação, a qual conduz da ignorância primordial, através do vir-a-ser e dos demais elos, à decadência e à morte, num eterno círculo vicioso; mas no Sutra do Coração o Bem-aventurado proclama: *"Não há nem ignorância nem extinção da ignorância, nem nada do que conduz à decadência e à morte".* Todos conheceis as Quatro Nobres Verdades; a primeira: a existência é inseparável do sofrimento, incluindo frustração, descontentamento, desgosto, dor, aflição, etc.; segunda: o sofrimento tem por causa o desejo desordenado; terceira: o remédio é a cessação do desejo desordenado; e quarta: esse remédio é a Nobre Óctupla Senda. Entretanto, o Sutra do Coração anuncia: '*Não há sofrimento, nem causa, nem remédio, nem Caminho (para algum lugar)*'. Ouvistes que, graças à sabedoria, o Nirvana é alcançado; mas o Sutra reza: '*Não há sabedoria, nem consecução. Uma vez que nada há para ser alcançado, os Bodhisattvas que confiam em sua Suprema Sabedoria* (a certeza de que *não* existe sabedoria *nem* consecução) *estão livres dos empecilhos da mente. Tendo-os eliminado, não sentem medo, vêem-se a coberto de transtornos e desilusões, e ao fim atingem o Nirvana. Foi por confiar nessa Suprema Sabedoria que todos os Budas do passado, do presente e do futuro chegam à Suprema Iluminação*'.

"Por que o Bem-aventurado refuta assim o próprio núcleo de sua doutrina? Pois não nega ele, nesse mesmo sutra, as bases de tudo o que ensinou? É que, enquanto permanecerdes no nível da consciência comum, enquanto fordes iludido pela esfera da diferenciação e acreditardes na realidade do eu, devereis manter-vos fiéis àqueles ensinamentos. Somente quando alcançardes o elevado nível de percepção a que chegou o Bodhisattva Kuan Yin eles perderão para vós toda a validade. Apenas quando vossa percepção pairar tão alto a ponto de constatardes, com toda a clareza, o vazio que existe, compreendereis que até mesmo os ensinamentos do Bem-aventurado são em última análise vazios — uma vez que não há entidade ou conceito que não seja por natureza vazio. Nesse sentido profundo, não pode existir nenhum Nirvana, nem seres para alcançá-lo! Obtida a compreensão, sabereis que os ensinamentos comuns, por exalçados que sejam, devem ser postos de lado; pois como poderia o Nirvana — esse estado puro, para além do ser e do não-ser — ser acessível àqueles que perfilham conceitos de diferenciação, sagrados embora? Repetindo o fecho do Sutra do Coração: '*Sabemos então que a Suprema Sabedoria é um mantra vasto e sagrado, um vasto mantra do conhecimento, um mantra insuperável, inigualável. Ele pode aniquilar, verdadeira e inapelavelmente, todo o sofrimento. Proferi, pois, o Mantra da Suprema Sabedoria assim: Gaté, gaté, pāragaté, pārasamgaté, bodhi, svāhā!*, (Ide, ide, ide além, ide muito além! Iluminação! Svāhā!)

"Ah, mas o que quer dizer *proferir* esse mantra? Não se trata de recitar umas poucas sílabas na língua do país de Brahma. *Proferir* significa *viver* o mantra percebendo o vazio de todos os conceitos, entidades e seres, sem exceção. Somente quando a sua vacuidade brilhar ante vossos olhos mentais podereis abandonar os ensinamentos prévios e repousar na luminosa e serena percepção do vazio puro, ilimitado e fulgurante!"

Essa exposição da percepção profunda alcançada por Kuan Yin (ou Avalokiteshvara, conforme a versão sânscrita) leva-nos à esfera do supremo misticismo e ajuda a explicar a reverência tributada ao Bodhisattva no Tibete, na China e no Japão, não apenas pela gente simples mas também pelos místicos e eruditos. Pois, ainda segundo o sutra, foi Kuan Yin (Avalokita) quem primeiro ultrapassou os ensinamentos esotéricos de Buda e levou o Abençoado a revelar o conteúdo desses ensinamentos num nível infinitamente mais profundo. Todavia, o que aqui se diz deve ser confrontado com o tipo de história que circula a respeito do Bodhisattva no nível popular. Não se suponha que místicos e sábios sejam extremamente comuns entre os povos do Extremo Oriente. Para cada indivíduo capaz de entender a significação recôndita do Sutra do Coração, existirão uns cem que reverenciam o Bodhisattva por razões muito diferentes. Uma vez que o presente capítulo trata das origens indianas de Kuan Yin, citarei a única história popular referente a

Avalokita que conheço (a saber, ao aspecto masculino). Contos sobre Tara e o aspecto feminino de Kuan Yin são bem mais fáceis de encontrar. É que, entre os tibetanos, que se abeberam ainda na tradição indiana original, Avalokita é reverenciado como um ser superior demais para cometer as travessuras de Tara ou manifestar-se a toda hora como a bondosa Kuan Yin chinesa. Isso reflete o que ficou dito acerca dos fluxos de compaixão, que se tornam mais tangíveis à medida que se distanciam da fonte. A única história sobre Avalokita que ficou na minha memória apresenta, curiosamente, um laivo de rudeza. Muitos Bodhisattvas (incluindo Kuan Yin em sua forma chinesa e mesmo a sorridente Tara) podem mostrar algum descontentamento em certas ocasiões; isso, porém, é bastante raro e, quando necessário, o objetivo da punição é apenas o de transmitir sabedoria aos castigados. Não há semelhança alguma com a ira vingativa de Jeová, nenhuma exigência para que os pais ofereçam seus filhos em sacrifício, ainda que apenas para testar-lhes a obediência. A cólera de um Bodhisattva volta-se sempre contra o erro em si, e não contra o ser que erra. A história, que precisei complementar com alguns pormenores uma vez que dela só me ficara na lembrança o essencial, é esta:

Na encantadora província chinesa do Lago Azul, onde a maioria dos habitantes sedentários são de origem tibetana e os nômades mongóis apascentam seus rebanhos em pastagens desertas, poucos chineses costumam viver longe das cidades. Sucede às vezes que uma isolada família de camponeses chineses amanhe uns poucos *mou* de terra ao lado de vizinhos cuja língua não compreendem. Era o caso dos Chiangs, recém-chegados de Chechuan. A família consistia no velho casal, dois filhos e suas esposas e um punhado de netos. A cerca de uma hora de caminhada de sua fazenda erguia-se uma aldeia tibetana apinhada em redor de um templo dedicado a Avalokita, onde se via uma grande estátua com onze cabeças e mil braços. Embora os Chiangs às vezes visitassem o templo quando iam ao mercado local, jamais lhes ocorrera que aquela figura bizarra fosse uma representação de sua amada Kuan Yin! As mulheres, sobretudo, assustavam-se com a aparência da estátua; ignorando o confortador significado de seu simbolismo e incapazes de conversar a esse respeito com os tibetanos, supunham que as cabeças tinham o poder de ver o mal em todos os corações e as mãos o de infligir punições.

— Que espécie de gente são os nossos vizinhos? — exclamou a gárrula matrona. — Imaginem, adorar um deus desses e não ter medo daquelas cabeças de olhos fixos! E, baixando a voz, insinuou: — Alguma coisa me diz que o tal deus só ama os tibetanos. Dizem por aí que esse povo pretende expulsar a nós, chineses, da província. É claro que pensam ser os donos dela. Quando acordarmos um dia com as gargantas cortadas, não digam que não avisei. Se já não cometeram esse crime, é porque aguardam um sinal do deus!

— Tomara que seja assim — replicou o marido secamente. — Se só esperam por isso, nossos bisnetos continuarão a viver aqui na maior segurança. Um gato de casa daria um sinal de revolta com mais facilidade do que aquela imagem cheia de cabeças.

— Psiu! — exclamou a velhota, alarmada. — A melhor maneira de atiçar os deuses e os demônios é zombar deles.

— Dane-se o Onze-Cabeças! — disse o marido, e saiu rindo.

Inquieta quanto às possíveis conseqüências de semelhante blasfêmia, a Sra. Chiang mal conseguiu dormir. Antes do amanhecer, cozinhou algumas oferendas para a divindade maligna e, ao nascer do sol, correu com sua nora mais moça para o templo. Parando no pátio externo para comprar o melhor incenso à venda, entraram no santuário e depositaram, amedrontadas, a oferenda: galinha finamente guisada, pernil, copinhos de vinho *ta-ch'iu* de Chechuan. Quando estavam arranjando os presentes sobre o altar, um monge tibetano entrou. Lançando os olhos para as oferendas com a maior incredulidade, ordenou que as mulheres levassem imediatamente dali aquelas dádivas impuras. Oferecer carne e vinho a demônios e divindades protetoras, vá lá — mas ao compassivo Avalokita! Como as mulheres não se mexiam, o homem pôsse a gesticular furiosamente. Os ofensivos presentes foram logo retirados.

— Aí está! gritou a Sra. Chiang com indignação quando as duas se viram do lado de fora. — Agora já percebe o que quero dizer quando falo de gargantas cortadas. O danado do deus gosta de galinha cozida e esses bárbaros temem que assim lhe alcancemos o favor e a proteção. Vamos tentar entregar-lhe a galinha e o pernil (melhor esquecer o vinho); assim estaremos todos seguros.

A história não de diz como, mas a verdade é que cestos de carne animal foram encontrados no dia seguinte sob as faixas de seda suspensas de alguns dos mil braços de Avalokita.

De volta a casa, a Sra. Chiang encontrava-se de muito bom humor. Sempre que encontravam um grupo de tibetanos, riam à socapa daqueles bárbaros que nem imaginavam que duas indefesas mulheres chinesas lhes haviam pregado uma peça.

— Vai funcionar, vai funcionar! repetia a matrona. — Antes que descubram as oferendas, já o deus terá inalado sua essência. Que importa o que façam com a carne e os ossos?

Numa noite sem lua, ainda naquele mês, homens mascarados em trajes tibetanos caíram sobre a fazenda e, afugentando a família, incendiaram tudo. Os Chiangs fugiram para a capital do distrito, onde pressionaram o magistrado a punir os infiéis, mas sem resultado. Com apenas um pugilo de soldados chineses nas imediações, o bom homem não queria por nada provocar distúrbios locais. — E além disso — disse ainda aos Chiangs — vocês mesmos foram os culpados. Onde já se viu oferecer carne de animais sacrificados a Kuan Yin?

— Aquela horrível... quero dizer, aquela nobre e digna imagem é Kuan Yin? — espantou-se a pobre Sra. Chiang. — Ai, que pecado cometemos! Se eu soubesse... Agora vamos todos parar no inferno!

Talvez a família tenha conseguido consolá-la explicando que um pecado cometido por ignorância não pode ser castigado por uma deusa tão compassiva como Kuan Yin. Infelizmente, não se sabe o que aconteceu com os Chiangs. Trata-se de uma história tibetana, e aqueles chineses, depois de desempenhar o seu papel, podem agora desaparecer.

Entrementes, Avalokita estava aborrecido.

O inverno foi rigoroso naquele ano e, por uma razão inexplicável, os contribuintes do templo andavam menos magnânimos que o usual. A fome conduziu os dois monges e três noviços para a capital do distrito, onde foram apelar para a caridade do magistrado.

— Que querem de mim? — perguntou o "Pai e a Mãe do Distrito". — Não se registrou nenhum surto de fome, pouca gente deixou de fazer provisões para o inverno. A desgraça de vocês é problema particular, que não diz respeito ao governo. Além do mais — prosseguiu manhosamente — gostariam que todos soubessem que os tibetanos tratam tão mal os monges budistas a ponto de eles precisarem recorrer às autoridades chinesas para matar a fome? Se uma história dessas correr por aí, vocês, o piedoso povo da terra de Bod, vão passar maus bocados, não acham?

Cabisbaixos, os monges se retiraram, mas, como a ira do Bodhisattva arrefeceu um pouco, logo encontraram um mercador tibetano que se dispôs a alojá-los por alguns dias. Pelo resto do inverno viveram precariamente, passando de casa em casa, sempre respeitados, mas nunca bem alimentados. Eram tempos difíceis. Chegara a primavera, o pequeno grupo retornou ao templo para reparar os danos causados por meses de negligência. As oferendas da vizinhança não deixavam que morressem à míngua, mas eles raramente comiam uma refeição satisfatória.

Pelo fim da primavera havia uma pequena festa em homenagem ao Bodhisattva Avalokita. Daquela vez, as vésperas se passaram de um modo diferente do costumeiro. O chefe dos monges, tendo de há muito concluído que, de uma forma ou de outra, haviam incorrido no desagrado do Bodhisattva, prescreveu uma cerimônia especial de purificação. Mais famintos ainda que o habitual, já que o rito exigia abstinência prévia, sentaram-se face a face, dois de um lado, três de outro, diante do altar. Invocando o resto de suas forças, rufaram o tambor, tangeram os címbalos e cantaram fervorosamente. Mas os corações, sobretudo os dos mais jovens, estavam longe. Aos poucos, o rito iogue começou a fazer efeito e eles puderam visualizar, com a maior clareza, uma luz branca fluindo de uma efígie de Buda criada mentalmente acima de suas cabeças, a qual lhes penetrava os corpos e expelia por todos os poros e orifícios um jorro de imundícies que iam cair diretamente nas bocas de uns demônios esfomeados. Era de ver essas criaturas esperando pelo hórrido banquete à beira de uma boca do inferno cavada exatamente sob os assentos! Enleados pela visão interior, os monges mal davam pela grande estátua de onze cabeças e mil braços que dominava o recinto sombrio diante de um altar cheio de lâmpadas e oferendas *torma* rituais.

Por longo tempo, tudo esteve bem com eles; mas, quando a bem-aventurança da meditação se dissipou, foram, um por um, tornando-se desagradavelmente cônscios de que algo estranho e sem relação com suas visualizações estava ocorrendo. Embora as grandes portas estivessem hermeticamente fechadas e nenhuma brisa pudesse entrar, os objetos suspensos das mãos da estátua balouçavam e retiniam. As palavras do mantra silenciaram em seus lábios e todos se entreolharam, cada vez mais amedrontados, pois já não se podia negar que a estátua começara a brilhar cada vez mais intensamente. O amplo peito oculto pelos brocados de seda arfava, como se respirasse profunda e calmamente! Os raios emanados da pessoa do Bodhisattva formaram um halo ainda mais fulgurante e um nimbo de chamas coloridas! Por mais que adorassem o Avalokita Compassivo, aquela manifestação de sua presença real era mais assustadora que bem-vinda, e o medo cedeu lugar ao terror. Prostraram-se atabalhoadamente, levando a fronte ao chão. Então uma voz grave ecoou, melodiosa, pelo recinto.

— Ó monges tolos e negligentes, que esquecestes os votos de socorrer os seres senciantes e mostrar compaixão para com todos, o tempo de meu desagrado chegou ao fim! Ainda bem que vos purificastes do grave erro cometido. Não vos puni como merecíeis, mas minha mão ainda assim fez sentir seu peso, pois não fareis progressos até terdes aprendido que aqueles que buscam compaixão devem mostrar-se, eles próprios, compassivos, sem reservas nem predileções — e, principalmente, *sem espírito vingativo!* Eis que chegam a termo vossos dias difíceis. A festividade de amanhã trará oferendas em grande cópia. Sede gratos e, doravante, cuidai para não incorrer novamente em meu desagrado. Serão castigados aqueles que errarem pela segunda vez!

As últimas palavras, proferidas espaçadamente em tom solene de admoestação, fizeram com que os monges olhassem desconfiadamente uns para os outros, na suposição de que um deles pudesse ter cometido um grande pecado desconhecido de todos. Por fim o abade, cobrando coragem, disse ousadamente: — Compassivo Senhor, temos tentado servir-vos o melhor possível, e também manter os votos que fizemos para nos compadecermos de todos os seres igualmente. Onde está o erro?

"— Em ti mais que nos outros — retrucou a voz metálica. — Já te esqueceste do mal causado a pessoas ignorantes, que só procuravam agir bem trazendo ao meu templo aquilo que julgavam ser a mais aceitável das oferendas?

"— M...mas, Compassivo Senhor — gaguejou o abade, perturbado — não fomos nós que queimamos a propriedade deles! Tudo foi feito sem o nosso consentimento e, quando soubemos do acontecido, repreendemos aqueles homens!

"— Silêncio, velhinho — respondeu secamente o Bodhisattva. — Falas apenas do efeito. A causa sois vós, monges e noviços deste templo. Quem andou espalhando por aí o que aquela pobre gente ignorante havia feito para me reverenciar? Em que termos ficou conhecida a loucura deles? Quem poria fogo na fazenda se *vós* não houvésseis incitado o povo à vingança? O mal está com os que põem em movimento uma perversa cadeia de causação, e não com os apanhados nos efeitos das causas. Meditai nisso. Ai de vós se vos esquecerdes!"

Os monges curvaram a cerviz. E enquanto permaneciam em atitude de contrição, a brisa que brincava nas roupas do Bodhisattva cessou. Já não se ouvia o tilintar de objetos. Os raios se apagaram e tudo voltou a ser como antes. A fim de se acalmarem, os monges voltaram à recitação do mantra da purificação com renovado fervor. E assim correu a noite. Na manhã seguinte, multidões de camponeses, entusiasmados com a perspectiva de uma rica colheita naquele ano, afluíram à festividade com oferendas mais generosas do que nunca. Daí por diante os monges, tomados de santa inspiração, deramse por inteiro às obras meritórias, tornando-se célebres pela benemerência ministrada imparcialmente. A fama do templo espalhou-se e os contribuintes se multiplicaram.

Tal é o Avalokita visto pelos piedosos contadores de histórias do Tibete. Quanto a Tara, diz-se que nasceu de uma lágrima vertida por Avalokita, apiedado das dores dos seres sencientes. Aparentemente, ela está longe de inspirar medo. A família Chiang não teria dificuldades em reconhecê-*la* como uma forma de Kuan Yin, pois ela lembra em tudo um ser humano excepcionalmente bondoso, a não ser pelo colorido e esplendor de seus trajes. Quer visualizada como bondosa matrona ou como uma donzela matreira de dezesseis anos, tem duas encarnações principais, conhecidas como Tara Verde e Tara Branca. Ambas se parecem muito, exceto em que, de seu assento num disco lunar sustentado por um lótus gigante, a Tara Verde adianta um pé como se fosse sair da meditação, enquanto a Tara Branca permanece em posição de meditação (sendo também distinguida por ostentar um "olho da sabedoria" no centro da fronte e olhos nas palmas das mãos). Em ambos os casos a cabeça está encantadoramente inclinada, o corpo um pouco arqueado, de modo que um dos ombros se ergue ligeiramente acima do outro. Uma das mãos, mantida à frente do coração, forma o *mudra* da proteção, enquanto a outra, pousada no joelho, como que dissemina dons. Um lótus de haste comprida lhe brota da curva do braço esquerdo. Pesados ornamentos de ouro enfeitam o alto penteado, o pescoço, os pulsos e os tornozelos; as roupas esvoaçantes — sedas pendentes dos ombros e uma série de saias coloridas sobrepostas — deixam o torso esguio e os maviosos seios arredondados à mostra, como na velha Índia. O efeito geral é tão avassalador que ela bem pode suscitar a paixão que tão freqüentemente é chamada a debelar se não inspirasse o tipo de reverência exaltada que seria de esperar de um guarda palaciano para com uma jovem e encantadora princesa confiada a seus cuidados. Não há dúvida de que houve guardas palacianos que, em semelhantes circunstâncias, tiveram de disfarçar uma paixão mais terrena. Não assim com Tara, que tem o poder de vencer a volúpia tão facilmente quanto a tristeza.

Embora meigamente dignificada quando evocada na meditação, a natureza de Tara é tão folgazã e ligeira quanto a de qualquer adolescente que ela tanto lembra. Dizem os tibetanos que às vezes Tara é vista encarapitada como um moleque num galho de árvore ou numa viga de teto. Ri com gosto daquilo que lhe parece ridículo e impede um comportamento traquinas com um oportuno "É mesmo?" Ela é, enfim, a mais amável das deusas budistas, inclusive Kuan Yin (embora, de fato, sejam uma só). Quando vista como Kuan Yin, a traquinagem está ausente, pois as momices tão caras aos joviais tibetanos seriam consideradas pelos chineses como pouco decorosas para uma deusa.

Há também um conjunto de "Vinte e Uma Taras", às vezes representadas como idênticas à Tara Verde, mas conservando cada qual suas cores distintivas, outras vezes com expressões faciais e ornamentos simbólicos diferentes. Neste último caso, uma das Vinte e Uma pode aparecer sob assustadora forma demoníaca, própria para arrostar os tremendos poderes do mal.

Amável e profundamente amada, Tara está bem junto dos corações dos tibetanos, mongóis e budistas nepaleses. Com efeito, na República Popular da Mongólia pude ver sua efígie praticamente ao lado da de Lênin, no lugar de honra à frente da *yurt* (tenda) de um pastor! Os relatos de seus feitos, às vezes divertidos, mas sempre piedosos, são numerosos e bastante similares, em conteúdo, aos contos chineses sobre Kuan Yin. Ano após ano, novas histórias são ouvidas nos locais mais inverossímeis. Por exemplo, há pouco um monge Kargyupta do Nepal, que passou alguns meses entre a população predominantemente chinesa de Ipoh, Malásia, contou-me que fora várias vezes solicitado por frios homens de negócios a invocar a assistência de Tara em assuntos como persuadir uma filha fugitiva a voltar para casa ou convencer um sócio a ser menos teimoso — jamais, assegurou-me ele, em vão. Tara é uma recém-chegada entre as comunidades chinesas de além-mar, mas estas, apenas ficam sabendo dela, começam a invocar Kuan Yin sob a forma de Tara. Todavia, no contexto dos progenitores indo-tibetanos do Bodhisattva, ambas devem ser consideradas, de certa forma, separadas. Vale a pena, a propósito, selecionar uma história tipicamente tibetana sobre os poderes de Tara. Para mim, ela é muito tocante.

Anos atrás, vivia numa cabana do Himalaia um casal que, já com um filho agitando-se no seio da mãe, lutava para viver de uma terra onde as sementes mal conseguiam criar raízes. Até nos anos melhores a colheita era fraca e insuficiente. Mas acima deles curvava-se a abóbada azul do céu e por todos os lados luziam as rochas de "cinco cores", pintalgadas na primavera e no verão de vívidas manchas de relva e flores. Ali, podiam facilmente imaginar a beleza do paraíso insular de Tara. Num ano em que o povo incorrera no desagrado dos deuses das montanhas, a neve caiu infindavelmente sobre os campos, o granizo despedaçou o teto do mosteiro situado no vale mais baixo e, lá em cima, os passos ficaram bloqueados por meses a fio. Com a primavera vieram inundações que, além de lavar o solo pobre, derrubaram a parede leste da cabana do jovem casal e arrebataram a sua única besta de carga: um iaque velho, mas muito querido. Tudo aquilo por que os dois tanto tinham lutado para conseguir desapareceu no espaço de semanas, como um sonho bom de que o sonhador desperta para se ver em tristes circunstâncias. Com o celeiro vazio, a última partida de sementes consumida como alimento, a casa ameaçando ruína e o pobre iaque tendo já empreendido a jornada que espera todos os seres sencientes, só contavam agora no mundo com algumas roupas esfarrapadas e ferramentas agrícolas que ninguém pensaria em comprar.

— Pema — suspirou o marido — isso para nós é o fim. Nem mesmo os monges, num ano como este, sobreviverão até a próxima colheita. Deve haver muita gente por aí tão necessitada de caridade quanto nós, e, embora os nossos vizinhos sejam bondosos, nenhuma família num raio de dez dias de caminhada tem alimento disponível. Ainda bem que o nosso filho ainda não nasceu, pois nós mesmos vamos morrer.

— Que vergonha, Norbu! Você deve ter ficado louco para falar assim! — rebateu espirituosamente a jovem esposa. — Você sabe muito bem que Tara, a Salvadora, socorre todos os que, de mente concentrada e coração aberto, a ela recorrem.

— Vocês, mulheres, são todas iguais — resmungou Norbu. — Deixam-se embair por fábulas. Não queimamos incenso todas as noites, no altar familiar, enquanto houve incenso para queimar? Não acendemos lamparinas de manteiga quando nem manteiga havia para o nosso chá? Invoque Tara, se quiser. Isso não fará nem bem nem mal.

— Pois vou invocá-la mesmo, e com fé suficiente para nós dois. A ajuda virá e eu gostaria de mostrar a nossa gratidão de um modo adequado. Junte-se a mim no voto solene de oferecer o nosso filho ao mosteiro quando ele tiver idade suficiente para ser admitido.

— Não fará nada disso — atalhou o marido.

— E por que não, Norbu? Se acha que não nos resta esperança alguma, semelhante voto não deveria perturbá-lo. Você não disse que vamos ambos morrer e que nosso filho nem chegará a nascer? Então que diferança faz?

— Pois faça como quiser. Junto-me a você se isso a consolar, mas trate de informar aos Preciosos que nosso filho só entrará para o mosteiro se não houver dúvida de que a possível ajuda que recebermos virá mesmo de Tara. Se essa ajuda for fruto do acaso ou da sorte, nada ficaremos a dever-lhe. Combinado?

E assim fizeram o voto, ajoelhados lado a lado ante o altar doméstico. Norbu se impacientava com as preces infindáveis de Pema, e só permanecia de joelhos porque nada mais tinha a fazer senão estirar-se no chão e esperar a morte. Quando, já quase ao fim do ritual, recitavam o mantra de Tara pela milésima vez, e estando Pema a visualizar mentalmente a adorável figura nimbada, bateram à porta.

Cavaleiros falando o áspero sotaque de Kham haviam cruzado o passo onde a pesada massa de neve se fundira para formar espumantes cachoeiras. Embora viessem em busca de comida e chá, aqueles homens rudes foram suficientemente generosos para dividir o pouco que traziam com o casal faminto. Da conversa que tiveram logo se evidenciou que eram os remanescentes de um bando de guerrilheiros impiedosamente perseguidos por um destacamento do Exército Vermelho chinês. Quando Norbu aquiesceu entusiasticamente em juntar-se a eles, deramlhe um cavalo que ele dividiria com Pema até chegar o momento, dias mais tarde, em que a deixariam com uns parentes maternos distantes, estabelecidos perto da estrada de Lhasa.

E já era tempo. Mal o marido cavalgou com eles para longe, começaram as dores do parto e ela deu à luz um robusto menino.

— Ó Dolma — murmurou ele, chamando Tara por esse nome — este menino é o fruto de vossa compaixão. Bem sabe, Amada, que ele está votado ao serviço do mosteiro. Ensine-o a ser devoto e profundamente versado em nossa sagrada *Chos* [religião].

Dois anos depois, Norbu, após uma série de aventuras, veio juntar-se à esposa e os três fugiram para o sul, para a Índia, onde se estabeleceram em Darjeeling e passaram a viver do ofício de tapeceiros. Quando a criança chegou aos cinco anos, Pema disse:

— Em breve você terá de levá-lo ao mosteiro de Kalimpong. Diga lá que o menino foi destinado aos Três Preciosos, peça-lhes formalmente sua admissão e pergunte quando deverá ser confiado aos cuidados dos monges.

— Insensata! — rugiu o marido. — Afinal, o que Tara fez por nós? Aqueles cavaleiros Khambas já estavam a meio caminho do passo muito antes de você falar em oferecer o menino ao mosteiro!

— No entanto eles pararam à porta de nossa cabana arruinada em vez de seguir diretamente para o mosteiro ou o armazém da cidade. Foi Tara quem os guiou. Nem se deve pensar em voltar atrás na promessa feita, agora que estamos em situação confortável, prósperos e a salvo dos chineses. Você não poderá ser tão ímpio e ingrato!

Como Norbu se mostrasse irredutível e ela não pudesse conseguir a admissão do filho sem o consentimento do pai, sua última esperança era Tara. Na próxima vez em que o marido a deixou sozinha com a criança, correu a acender incenso e bradou fervorosamente:

— Dolma, Amada Dolma, eu não me esqueci. Este menino *há de ser* um monge, prometo-o. Mas, por favor, tornai as coisas mais fáceis para nós! Só vós podeis aplainar o caminho.

Naquela noite, depois de ter feito amor com ela apesar de estar ainda bastante indignado para falar-lhe, Norbu caiu no sono. Então uma luz intensa feriu-lhe os olhos e, recostando-se alarmado, Norbu viu Tara sentada negligentemente sobre a mesa, balançando com vigor as pernas, como uma criança que desconhece a própria força. Quando ele se prostrou, a aparição começou a fulgir. A janela às suas costas dissolveu-se naqueles raios, e em seu lugar ele avistou o pico de uma elevada montanha coberta de neve onde milhares de pontinhos brilhantes cintilavam qual pedras preciosas. Mais além, até a linha do horizonte, um lago de águas azuis arrojava suas brancas ondas contra a praia, levantando nuvens multicores de borrifos. Essas nuvens, subindo até o pico, enchiam o ar de milhões de gotículas faiscantes. Mas agora a mesa se transformara num crescente, pousado sobre um grande lótus de múltiplas pétalas. Tara estava sentada nele, negligentemente ainda, como uma garota se divertindo, mas já vestida de seda e com ornamentos de ouro. Lembrava a filha do Imperador do Céu. Sorria para Norbu numa mistura de brejeirice e desdém.

— Pois então, Norbu? — indagou ela, com um sorriso tão cativante que o coração dele quase explodiu de alegria. — Lamenta que o tenha salvo da morte? Lamenta ter conservado a afetuosa Pema a seu lado? Lamenta ter agora dinheiro para o chá e os saborosos pratos de Pema? Lamenta ter prometido seu filho ao serviço dos Três Preciosos?

— Não, não! — bradou Norbu num êxtase de devoção. — Tudo será como a Excelentíssima Dolma ordenar.

— *Ordenar*, Norbu? Acaso dou ordens a você? Isso é muito estranho, pois não costumo agir assim. Penso, aliás, que foram você e Pema que me *pediram* aquela graça. Julguei que *desejavam* que os protegesse e lhes concedesse prosperidade. Estou certa, Norbu? Haverá para seu filho melhor futuro do que tornar-se um lama douto e piedoso com uma centena de discípulos?

— Não, de modo algum! Amanhã vou levá-lo a Kalimpong. Que digo? Amanhã não, hoje mesmo, ao nascer do sol!

— Muito bem, Norbu. Promessa é dívida. Você se sentirá feliz vendo seu filho crescer para ser amparo dos semelhantes e fiel guardião de nossa sagrada *Chos*. Mais tarde ele viverá em companhia de seus mestres, mas ninguém o impedirá de ir visitá-lo quando quiser. Agora levante-se, Norbu, e sente-se diante de mim.

Prontamente ele assumiu a postura de meditação, com a cabeça inclinada em sinal de reverência, obnubilado pela radiância de Tara. E eis que um raio ofuscante partiu do coração da jovem e, penetrando pelo alto da cabeça de Norbu, encheu-lhe o corpo de uma luz mais alva que a neve ou o pó de cânfora. Era um raio gelado, mas que parecia incinerar suas máculas cármicas, cobrindo-o de bênçãos. Depois a visão se desvaneceu, deixando-o ali sentado de pernas cruzadas, no escuro, ao lado da adormecida Pema, a quem ansiava por falar da glória que descera do pico do Potala.

Não ia ainda o dia avançado quando ele e o filho, Pemba, chegaram pelo primeiro ônibus a Kalimpong. Correndo para o mosteiro, Norbu implorou aos monges que aceitassem imediatamente *a ambos* como discípulos.

— Mas o menino não tem mãe? — perguntou amavelmente o mestre dos noviços. E, depois de inteirar-se de todo o caso, concordou em aceitar o filho, mas não o pai.

— Já que este é o seu *único* filho e deverá vir para nós daqui a dois anos, melhor será que você volte para casa e faça outros, ao menos em benefício de sua mulher. Quanto a este, já que nos é dado como um presente de Tara, receberá um nome religioso que encerre tal significado. Vou pensar no assunto. Seja como for, diga à sua mulher que, se ela murmurar fervorosamente o nome de Tara enquanto vocês estiverem fazendo amor, sem dúvida hão de ter uma graciosa e alegre menina. Não se esqueça de chamá-la de Tara, ou Dolma, se preferir.

Boa parte desta linda história, se fosse chinesa, poderia relacionar-se com Kuan Yin. Sobre ela existem tantas, e tão próximas em espírito à que acabamos de contar, que não restam dúvidas de que as duas entidades constituem, em essência, um único e mesmo ser. Tais similaridades são tanto mais impressionantes quanto poucas outras figuras do panteão budista Mahayana chegam a sugerir diferentes formas de um mesmo ser, exceto no sentido de que todas elas são emanações cuja fonte última é o Grande Vazio — a Mente ilimitada.

Alguns dos métodos empregados para invocar Tara são simples. De fato, segundo se diz, ela responde imediatamente à mera enunciação em voz alta de seu nome, desde que acompanhada de intenso fervor. Entretanto, considera-se mais eficaz recitar seu mantra: OM TARÉ TUTARÉ TURÉ SVAHĀ! Por outro lado, os mantras só são considerados eficazes quando a pessoa domina seu uso graças ao emprego continuado, acrescido da visualização apropriada. E como, numa emergência, pode não haver tempo para proferir todas as dez sílabas, alguns adeptos aprendem a utilizar somente OM TARÉ TAM SVĀHĀ! em tais ocasiões. Pois TĀM é o *bija-*, ou mantra-semente, que contém a essência de Tara.

Quando, porém, o propósito é mais elevado — como progredir rumo à Iluminação e alcançar poderes semelhantes aos de Tara para ajudar os seres sencientes —, um rito de visualização é em geral executado a fim de habilitar o mediador a haurir o poder libertador da compaixão e nele absorver-se. As formas utilizadas nesse rito apresentam crescente complexidade, mas no fundo se parecem. Depois de procurar abrigo junto à Tríplice Jóia (Buda, Dharma e Sacra Comunidade), renovar os votos de dedicação aos seres sencientes, saudar Tara, confessar e abjurar os pecados desta e de outras vidas, etc., o místico chama à mente uma sílaba sagrada que parece flutuar nos ares ao nível de seus olhos. Num átimo, ela se transforma em um lótus encimado pelos discos do sol e da lua, onde aparece uma segunda sílaba cintilante que logo dá lugar à imagem de Tara. Pelo poder dos mantras, mudras e clara visualização, Tara é impelida a manifestar-se dentro da imagem, a qual, de repente, começa a emitir uma radiância sobrenatural. Seguem-se centenas de repetições do mantra e então Tara se contrai num ser minúsculo, não maior que um polegar, mas brilhante como esmeralda. Entrando na pessoa do meditador pela abertura secreta situada no topo do crânio, ela desce ao coração, fazendo com que também o corpo dele se contraia, até que ambas as figuras assumam o mesmo tamanho diminuto e já não sejam senão uma. O meditador (ou, como agora podemos dizer, Tara) continua a contrair-se até que só reste a sílaba faiscante que no começo surgira lançando raios do coração de Tara; a sílaba, então, se retrai e nada mais fica a não ser a pura e indiferenciada luminosidade do Vazio ilimitado.

Alguns devotos de vida irrepreensível conseguem reter Tara dentro de si enquanto se entregam aos afazeres diários (afazeres inofensivos de monges ou reclusos, em que são mínimas as oportunidades de errar). Com o passar dos anos, tornam-se tão identificados com ela que sua aparência assume algumas de suas características; às vezes até mesmo os contornos da face sofrem uma mudança e, como é o caso de vários lamas de reconhecida santidade entre os tibetanos, deixam de ser distintamente homens ou mulheres. Perdidos na beatitude de uma meditação quase sem fim, tais pessoas desenvolvem uma sabedoria e uma compaixão tão profundas que a Iluminação é obtida no prazo de uma única vida. Depois disso elas assumem a tarefa dos Bodhisattvas, que é a de separar os seres sencientes, éon após éon, ao longo dos incontáveis universos do *samsara*.

Enquanto exemplo dos contos de Tara, a história de Norbu e Pema tem uma falha: não faz justiça à característica especial de Tara, o humor travesso. De sorte que, contando com o perdão de Kuan Yin por mantê-la fora do palco ainda um pouco mais (mesmo porque Tara é, ela própria, Kuan Yin sob outra forma), vou contar uma outra história que dá realce a esse humor. Ouvi-a de um tibetano de Kalimpong e tentarei reproduzi-la ponto por ponto:

"Perto de nossa aldeia, no Tibete, erguia-se uma cabana isolada, onde morava um velho chamado Jigme. Tinha, na ocasião, uns noventa anos, mas sua saúde era a de um homem de trinta. Em menino, eu costumava vê-lo subir o caminho que passa pela frente do mosteiro, não importava o tempo que fizesse, para levar provisões à caverna de nosso eremita local. Seu fim, quando chegou, foi rápido: dois dias de agonia e lá se foi ele com um sorriso. Muito antes de eu nascer, Jigme já gozava da fama de excêntrico, sempre a cantar canções a Tara, a fazer oferendas a Tara, a meditar em Tara — Tara, sempre Tara. Nós, os meninos, costumávamos zombar dele entre nós, pois lembrava um marido velho loucamente receoso de que a esposa adolescente acabasse fugindo com alguém. Teve um esplêndido funeral, com os monges rufando seus tambores e salmodiando por uns bons três dias antes de levar-lhe o corpo montanha acima, como derradeira oferenda aos pássaros e animais selvagens, que provavelmente não se importariam com a dureza de sua carne. Depois que nos acostumamos a não vê-lo mais, poucas vezes nos lembrávamos dele, mas nunca nos saíram da memória as histórias contadas a seu respeito na noite que antecedeu os funerais.

"Quando jovem, Jigme era famoso por três coisas: força, boa aparência e impetuosidade. Mascate que tinha negócios com o mosteiro, certa feita chegou às vias de fato com o leigo que ali desempenhava as funções de cozinheiro. Tinham estado a beber na cozinha — apenas *chang*, provavelmente, mas até isso pode ser demais. Sem saber o que fazia, Jigme matou o homem e saiu deixando seu cadáver sobre a laje. As autoridades fizeram vistas grossas o máximo que puderam e Jigme foi condenado a passar algum tempo na enxovia do mosteiro. Quando a porta se fechou sobre ele, começou a gritar como um louco e a esmurrar a madeira até fazer as algemas tilintar como címbalos. Ao cair da noite, muito cedo ainda para Jigme pensar em dormir, um súbito silêncio se fez e um dos monges desceu para ver se o pobre-diabo não se machucara. Quem conhecia Jigme sabia que ele não era homem de sossegar. A caminho da cela, o monge estacou ao ouvir sons de vozes. Jigme dizia, impaciente: 'Sim, sim, *toda* a minha vida, prometo'. A voz do interlocutor fez com que o monge caísse de joelhos no corredor, levando a cabeça ao chão. Num tom de suave motejo, alguém replicava: 'Veja lá o que faz, querido Jigme, do contrário vai passar por maus bocados!' Quem duvidaria que aquela voz zombeteira fosse a da santa Tara? Sem ter coragem de intrometer-se, o monge foi falar com o abade.

"No dia seguinte, Jigme já não estava em sua cela. A porta e a janela continuavam intactas, mas os grilhões presos à cama haviam sido despedaçados como massa de pão. Mais tarde foram achá-lo sentado calmamente em sua própria cabana. Bem, não se pensou em levá-lo de volta para cumprir a sentença, é claro. Quem o ousaria? Mas a excitação foi grande. Os aldeões viviam espiando pela janela, na esperança de que Tara reaparecesse. Não reapareceu, mas fizera Jigme tão famoso que ele passou a ser o principal fornecedor do mosteiro. Comportava-se bem, mas aos poucos foi perdendo o ar sereno que adquirira.

"De vez em quando os negócios chamavam-no a uma cidade vizinha, situada a não mais de três dias de marcha de nossa aldeia quando se tem um cavalo tão bom quanto o de Jigme. Certa feita, na estalagem local, meteu-se numa briga com dois campônios de Derge. Tendo deitado um por terra com seu vigoroso punho, ia cair sobre o outro quando uma garota em trajes esfarrapados apareceu correndo não se sabe de onde e bradou: 'Meu caro Jigme, que vergonha! Eis aí o melhor modo de fazer mofar uma cevada de boa qualidade!' Em seguida saiu; mas Jigme, trêmulo como se acabasse de avistar um fantasma, baixou as mãos e deixou o segundo adversário aplicar-lhe um sopapo que o deixou inconsciente no chão. E não foi tudo. Uma partida de cevada, encomendada para fazer *chang* para uma festa no mosteiro, mofou misteriosamente e o abade ordenou que a levasse embora e lhe devolvesse o dinheiro!

"Mais ou menos um ano depois, Jigme foi ludibriado por um vendedor de roupas. Vendo que todos lhe davam razão, decidiu pedir uma indenização que, provavelmente, iria espoliar por completo o acusado. Algumas pessoas acharam que ele exagerava em seu encarniçamento contra um pobre-diabo com família para sustentar e pediram-lhe que retirasse a queixa ou moderasse suas exigências. Era não conhecer Jigme! Lá foi ele com seu criado para a sede da magistratura, um lugar nas fronteiras de Kham onde os oficiais eram chineses. Nas imediações da cidade, encontrando o caminho bloqueado por um carroceiro canhestro, levantou o chicote. Mas antes que o golpe fosse desfechado, uma mocinha adiantou-se da turba e gritou-lhe: 'Cuidado para seu cavalo não ficar cansado de carregar semelhante imbecil!' Já então o caminho ficara desimpedido e Jigme trotou adiante o mais rapidamente que a estrada lhe permitia. De repente, um pedaço de pano posto a secar no pátio de um tintureiro agitou-se com o vento; o cavalo empacou e Jigme bateu de cabeça no chão, quase fraturando o crânio. Quando voltou a si, o vendedor de roupas abalara com a família para outra freguesia. Não se falou mais em processo judicial.

"Depois disso, as coisas correram bem por alguns anos, até que Jigme meteu na cabeça sair com seu criado em peregrinação ao Mosteiro Kumbum. Numa taberna de beira de estrada, estranhou-se com uns rufiões e sacou da espada. Os patifes fugiram, mas depois voltaram com uns doze companheiros ou mais para tocaiá-lo em caminho. Na luta que se seguiu, três dos assaltantes foram feridos antes que Jigme e seu criado pudessem ser dominados. Talvez, no começo, pretendessem apenas roubar Jigme e aplicar-lhe uma boa sova, mas agora que o sangue deles correra as coisas não iriam parar aí. Quando faziam os preparativos para 'divertir-se um pouco' com os dois cativos, um elegante jovem de faces rosadas e pele de moça apareceu a galope, trazendo pelas rédeas dois cavalos descansados. 'Jigme, meu querido, você é mais cabeçudo que um iaque!', bradou uma voz bem-conhecida. 'Mas agora será a última vez.' Dizendo essas palavras, respirou fundo e, assoprando mansamente, fez com que a poeira se erguesse em nuvens. Uma noite amarelada envolveu a terra até que os cativos alcançassem um lugar seguro.

"O Jigme que empreendera aquela peregrinação não era o mesmo que voltou. Trouxe de Kumbum uma preciosa estátua de Tara feita de uma liga de ouro, além de outros objetos para adornar um santuário em seu louvor. Reduzindo aos poucos suas viagens de negócios, ficava cada vez mais tempo em casa, para logo transformar-se no piedoso recluso que conheci em minha meninice. Creio que ninguém jamais soube de todos os pormenores do caso, mas nem se duvida da intervenção de Tara em todas as etapas. Eu gostaria de saber por que ela favoreceu mais aquele mata-mouros do que qualquer dos outros pacíficos moradores de nossa aldeia. Talvez que em algum momento de sua infância, ou pouco depois, ele lhe tenha conquistado o coração com um grande ato de compaixão, do qual jamais se ouviu falar. Bem que eu gostaria de ter feito o mesmo!"

Capítulo 4

Miao Shan e Outras Lendas

Ó vós, de intentos homicidas,
Ide para uma fornalha incandescente!
Sutra do Lótus

Tendo, por um momento, respirado a tênue atmosfera do misticismo representado pelo Sutra do Coração e daí descido aos contrafortes da sagrada montanha de Kuan Yin, onde Avalokita e Tara esparzem sua radiância sobre os homens e mulheres de percepção comum, vamos agora explorar outro dos picos menores, no qual Kuan Yin senta-se no trono como deusa popular reverenciada por milhões de pessoas. Estas, ignorando a metafísica budista, amam-na à sua moda singela, reconhecendo nela o poder protetor e a natureza recompensadora da compaixão. Sob esse aspecto, suas imagens estão por toda a parte na China (se não foram tragadas pelo Dilúvio Vermelho) e países vizinhos. Sorridente, Kuan Yin contempla o mundo de cima dos altares dos templos e ermidas taoístas, para não falarmos das dezenas de milhares de santuários em beiras de estrada e grutas, ou das inumeráveis residências onde algum canto é reservado à mais amorosa de todas as divindades. Em nossos dias, podem ver-se na Coréia e no Japão estátuas gigantes de Kuan Yin, erigidas de forma a serem vistas de longe e conservadas na memória para que, em meio à luta implacável pelo ganho material, a beleza da compaixão seja sempre lembrada. Mas será que Kuan Yin aceita de bom grado um tipo de publicidade tão parecido com os cartazes de publicidade e os comerciais de dentifrícios e biquínis? Sua presença é mais intensamente sentida naquelas estatuetas de barro aninhadas em recessos escuros e frios do que nas miniaturas de fontes luminosas.

Rochedos, salgueiros, tanques de lótus e regatos são indicações constantes de sua presença. Sua voz é ouvida no soar do bronze ou do jade, no sussurro do vento entre os pinheirais, no gorgolejar das ribeiras. A frescura de uma pétala orvalhada de lótus ou o aroma de um único bastão de finíssimo incenso relembram a sua fragrância. Não são para ela o feérico esplendor do Deus da Guerra de rubras faces, a panóplia magnífica do Imperador de Jade, nem o luxo egoísta da Mãe Real do Ocidente, que uma vez se nutriu da essência vital de mil jovens. Mesmo Chang Ô, a casta deusa da Lua, é fastidiosa demais em sua fria virgindade para emparelhar-se com Kuan Yin. Única entre milhares de deuses, Kuan Yin transmite a tepidez da compaixão e o refinamento da simplicidade. Se às vezes traz ornamentos de ouro, é porque estes constituem o símbolo reservado à condição de Bodhisattva celeste.

Como divindade popular, Kuan Yin corporifica, além de Avalokita e Tara, a lendária Miao Shan. O conto que se segue, embora não mencione Miao Shan pelo nome, pode bem ser o protótipo de todas as histórias concernentes à princesa. Fosse alguém tão pouco chinês em espírito para insinuar que aí se trata de uma pessoa diferente, a resposta seria um sorriso tolerante acompanhado de palavras como: "Kuan Yin manifesta-se sob inúmeras formas para valer aos necessitados. Por que a dama dessa história não poderia ser uma delas e Miao Shan outra?"

Não se registrou em que reino os fatos se passaram. Séculos atrás, o governador de certa província, não tendo filhos varões, sentia-se profundamente ligado à filha única. Todavia, orgulhoso e iracundo oficial que era, além de cioso cultor das virtudes confucionistas, mantinha-a sob rígida vigilância, de modo que ela tinha raras oportunidades de ver o mundo para além dos muros da mansão governamental. Freqüentemente sentava-se ao lado da janela oval de seu quarto, contemplando uma colina próxima onde se erguia um mosteiro e imaginando que espécie de ritos e austeridades praticavam ali os santos reclusos. Parecia haver algo de misterioso no lugar, pois, mal o mencionava a alguma pessoa, esta se apressava a mudar de assunto, deixando suas palavras suspensas no ar. Embora semelhante indelicadeza para com a filha de um governador fosse impensável, tinha de se haver com ela todas as vezes. A curiosidade da jovem cresceu até um ponto insuportável. Ciente de que o pai jamais lhe permitiria visitar o mosteiro, decidiu ir lá por conta própria, embora a simples idéia de ultrapassar os muros do pátio das mulheres a fizesse enrubescer. Mas, apesar da modéstia que atingia as raias da timidez, ela possuía muito da determinação e da força de vontade do pai.

Uma manhã, bem cedo, enquanto as criadas tomavam o desjejum num cômodo adjacente, deslizou para fora disfarçada e deixou a morada paterna por um portão pouco vigiado, próximo às acomodações dos criados e utilizado apenas para levar suas ferramentas de trabalho para o campo. Correndo pelas pastagens, alcançou a colina. Um caminho pavimentado de pedras conduziu-a a um elevado pórtico, onde o guarda, prevendo que a rica senhorita viera para oferecer incenso aos deuses e, quem sabe, alguns presentes de ouro, acolheu-a cortesmente e acompanhou-a ao grande santuário.

Encantada com a magnificência das estátuas dos Três Puros — a trindade central das divindades taoístas — e com a música sacra que enchia o deslumbrante recinto, congratulou-se por ter vindo conhecer a comunidade de santos.

Mal sabia ela que os santos eram coisa rara naquele mosteiro, e que a maior parte dos reclusos preferia passar os dias praticando esgrima e as noites a "arte da alcova" do que servir os deuses a quem deviam adorar. Em sua ignorância, julgou não haver problema em passear pelo prédio e pôs-se a visitar os inúmeros santuários, os pavilhões dos jardins, ligados uns aos outros por estreitos corredores de madeira laqueada e onde a luz do sol penetrava suavemente pelas janelas cobertas de papel. Num desses corredores, tinha de passar por um grupo de três ou quatro reclusos trajados de cinza que, fingindo abrir caminho, rodearam-na de repente e puxaram-na com violência para um quartinho escuro, onde seus gritos foram abafados pelo clangor dos címbalos cerimoniais, proveniente de um cômodo próximo.

Entretanto o governador, dando pelo sumiço da filha, mandara os criados procurá-la em todas as direções; mas foi só pouco antes do crepúsculo que chegou uma informação: uma jovem ricamente vestida fora vista, de manhã, subindo para o mosteiro. Os servos montados que enviou para escoltá-la de volta a casa regressaram sem ela, dizendo que a pequena decerto estivera lá antes, mas aparentemente não estava mais. A noite caiu. O governador tomou-se de fúria. Sem parar para refletir na possibilidade de a filha encontrar-se no mosteiro contra a vontade, concluíra que uma jovem tão leviana a ponto de aventurar-se num lugar daqueles seria capaz de qualquer vilania. Sem dúvida devia estar agora nos braços de algum conquistador libidinoso. Só havia, a seu ver, um meio de obviar a semelhante desgraça. Postando uma centena de arqueiros ao redor do mosteiro, com ordens de flechar qualquer criatura viva que ousasse sair, mandou que soldados munidos de tochas entrassem e queimassem até os alicerces aquele antro de patifes. Já que ninguém poderia escapar, a garota culpada e seu amante certamente teriam o destino que tanto mereciam. Como os edifícios, à exceção dos alicerces e das telhas, eram construídos de madeira laqueada, foram presa fácil para as chamas. Ninguém — homem ou mulher — escapou das chamas ou das flechas.

Calando o orgulho ofendido e a possível tristeza pelo destino da filha outrora tão amada, o governador, como era seu hábito, passou a hora após o amanhecer espairecendo no jardim para gozar a frescura matinal das flores. Subitamente, o espectro da filha morta materializou-se diante de seus olhos e disse-lhe estas palavras:

— Papai, embora o senhor não tenha tido piedade de uma menina inocente que por pouco não foi violentada, não posso deixar de me entristecer por você, que agora está sem prole. Por isso vim tentar consolá-lo. Saiba que o Céu, às vezes aparentemente tão impiedoso como você, comoveu-se com meu imerecido sofrimento. Quando as chamas avançavam, fui envolvida num arco-íris e levada por sobre as nuvens até a morada dos deuses e dos imortais. Ali, como compensação por meu fado cruel, vi-me promovida à condição de deusa. Minha missão será confortar os aflitos e socorrer as pessoas em perigo — tarefa para a qual me sinto particularmente qualificada, tendo há pouco experimentado as profundezas do medo e da dor. Doravante, hei de ser conhecida como Kuan Yin, Aquela-que-ouve-os-prantos-do-mundo.

Entre as muitas versões da lenda de Miao Shan (inspiradas talvez pela história da filha do governador), a que se segue é típica:

No décimo primeiro ano da época Chin T'ien (cerca de 2590 a.C.), houve um rei que, como castigo pelos pecados de outras vidas, teve negada a bênção de um filho varão. Por isso mandou procurar maridos ilustres para suas três filhas, na esperança de criar netos conspícuos, o melhor dos quais herdaria o seu reino. A filha mais nova, entretanto, nem queria ouvir falar em casamento e, ao atingir a puberdade, solicitou permissão para ir morar no Convento do Pardal Branco, onde viveria em piedosa contemplação.

— De acordo — sorriu o rei, supondo que aquela jovem mimada logo quereria se ver livre das austeridades do convento e teria, então, de optar por continuar ali ou aceitar a mão de um príncipe cuidadosamente escolhido.

Mas a vida reclusa lhe conveio tão bem que o rei, perdendo a paciência, começou a tomar medidas cada vez mais severas para dobrar-lhe a vontade. Dia a dia mais furioso, arrancou-a do convento e encerrou-a numa torre, onde lhe davam pratos inacreditavelmente revoltantes. Tudo em vão! A cólera do rei só fazia aumentar, e um dia ele desabafou com seus escudeiros:

— Uma menina tão monstruosa, com tão pouco amor filial a ponto de negar ao velho pai a sua mais cara satisfação, polui tudo debaixo do céu. A terra deve ficar limpa desse insensato exemplo de desobediência aos pais, não vá a moda pegar e corromper as futuras gerações. Dêem um jeito nisso ainda esta noite!

Entristecidos, os criados conduziram a princesinha a um lugar remoto, onde o carrasco a aguardava, chorando mas pronto para seu dever. Fizeram-na ajoelhar-se, e o algoz, brandindo com ambas as mãos a terrível espada que vertera o sangue de tantos facínoras, preparava-se para golpear quando se desencadeou uma formidável tempestade. Sumiram-se as estrelas, rugiram os trovões e um raio coruscante desceu do Céu sobre a vítima inerme. Antes que os homens pudessem recobrar a coragem, um tigre gigantesco saltou da escuridão e carregou a menina para as colinas próximas. Jamais, em parte alguma do mundo, se tivera notícia de um tigre tão grande. O grupo aterrado jurou ao rei que aquela fera desproporcionada não era outra coisa senão o deus tutelar da região, o qual, ao que se sabia, já muitas vezes assumira aquele aspecto medonho.

De uma caverna nas montanhas onde a divindade a instalara, a princesa Miao Shan desceu aos Infernos e ali, mercê de sua pureza impoluta, obrigou o guardião a libertar todos os desgraçados que pagavam por seus erros. Yen Lo Wang, como essa divindade é chamada, tinha consciência de seu dever de antepor a justiça à piedade e, como muitos descobriram, jamais renunciaria a esse dever a não ser diante de uma tentação muito grande. Mas quem resistiria à doce súplica de uma princesinha que valorizava a pureza mais que a própria vida?

Voltando à morada da divindade tutelar, Miao Shah recebeu a honrosa visita do Buda Amitābha em pessoa! Assumindo a forma esplendidamente coruscante conhecida como Corpo de Buda da Recompensa, aconselhou-a a buscar refúgio na Potala insular, conhecida dos marinheiros como a Ilha de P'u-t'o.

— Ao redor dessa ilha, querida menina, jaz um oceano assustador que só os puros de coração — nunca seu pai! — conseguem atravessar. Ali poderá dedicar os dias e as noites à beatífica meditação, para ao fim alcançar o pio desígnio de tornar-se um Bodhisattva apto a socorrer os seres extraviados no erro. Tome esta pêra miraculosa, colhida nos jardins do Céu. Além de preservá-la da fome e da sede por um ano inteiro, irá garantir-lhe a eterna felicidade.

Dito isso, o Buda se foi.

Uma divindade da ilha, vindo do Potala, conduziu a princesa para sua nova morada, numa viagem mais rápida que o vento. Durante nove anos, Miao Shan, quando não estava mergulhada em meditação, dedicava-se a obras de compaixão que, coroando-lhe os méritos acumulados em vidas pregressas, habilitaram-na a alcançar o estado de Bodhisattva. Foi por essa ocasião que o encantador jovem Shan Ts'ai (Virtuoso Talento) tornou-se seu acólito. Certa feita, graças a seu olho de Bodhisattva, que tudo vê, ela conseguiu anular uma calamidade que caiu subitamente sobre o filho do Rei-Dragão do Oceano Oriental. Percorrendo alegremente o oceano sob a forma de um peixe, fora apanhado por um pescador e estava sendo levado para o mercado num cesto cheio de outras criaturas vivas, também apanhadas na mesma pescaria. Shan Ts'ai foi de pronto enviado para comprar as infelizes criaturas e devolvê-las ao mar. Sua Majestade, o Rei-Dragão, informado pelo filho de sua libertação, mandou a Miao Shan uma magnífica jóia conhecida como Pérola do Brilho Noturno, à luz da qual o Bodhisattva poderia ler os seus livros sagrados confortavelmente, até mesmo no escuro. O presente teve como portador a própria neta do rei, Lung Nü (a Donzela-Dragão), que ficou tão emocionada com a doçura e as virtudes da libertadora do tio que ali mesmo resolveu dedicar a vida à conquista do estado de Bodhisattva. Com esse fim entrou para o Serviço de Kuan Yin e desde então só foi vista em sua companhia.

Alguns anos depois, a princesa Miao Shan, despindo-se da glória de Bodhisattva, voltou para sua pátria por algum tempo e converteu o pai e a mãe, inscrevendo-os como discípulos do Buda.

Assim termina a história.

Uma outra versão da lenda fala da princesa não como Miao Shan, mas Miao Chên, filha de um governante sob a dinastia Chou (1122 a 255 a.C.). Os primeiros eventos são muito semelhantes, mas no presente caso o carrasco é detido pelo estilhaçamento miraculoso de sua espada. O rei irascível é punido duplamente, sendo estrangulado por um demônio e em seguida carregado para o inferno, aonde a filha o segue e se sente esmagada pela natureza de seus tormentos. Encontrando um Yen Lo Wang inamovível em sua decisão de fazer cumprir integralmente a sentença, ela ora a Amitābha do fundo do coração. Logo as cavernas repulsivas do inferno são transformadas, por uma chuva de lótus celestiais, num agradabilíssimo reino em que os espíritos dos condenados podem viver com alegria. Yen Lo Wang, transtornado por essa interferência no curso da justiça, implora à princesa que volte ao mundo superior e, para mostrar boa vontade, liberta-lhe o pai. Um veículo celeste, na forma de um lótus, aguarda-a às portas do inferno e, como nas asas do vento, leva-a para a ilha de Potala. Ali ela passa a reinar como o Bodhisattva Kuan Yin, devotada ao alívio dos seres sencientes.

Em outras lendas Kuan Yin, perdendo os traços de sua origem budista, identifica-se com outra e bem diferente divindade, Niang Niang, a Mãe Celeste do panteão taoísta. Como não me foi possível recolher nenhuma das velhas histórias desse tipo, ofereço aqui uma relativamente moderna, que data no máximo de dois séculos, pois evidências internas relacionam-na com a dinastia Ch'ing. Trata-se de um exemplo pouco satisfatório, mas, a meu ver, não resta dúvida de que a história pertence ao ciclo de Miao Shan. Em diversas versões da lenda de Miao Shan, o episódio de sua subtração ao cutelo do algoz é substituído por um relato de como o pai ordenou a destruição, pelo fogo, da torre onde ela estava enclausurada; a vítima conseguiu escapar sobrevoando as chamas na forma de um gracioso pássaro branco. A origem tardia da história que se segue torna-a ainda mais interessante, pois revela que, na mente popular, Kuan Yin continua a passar por encarnações repletas de episódios que lembram Miao Shan. Relato-a com certo vagar porque os pormenores ainda estão frescos em minha memória e ela possui, de fato, muito do encanto característico do ciclo inteiro de Miao Shan.

Vivia na cidade de Ch'ang-sha-fu um promissor estudante chamado Kuo Hsiang-Hsi, muito versado nos Quatro Livros, nos Cinco Clássicos e na arte de compor ensaios. Infelizmente, o montante de deméritos acumulados em vidas passadas era tão grande que, em duas ocasiões, impediu-o de obter o *hsiu-ts'ai* (diploma). Ficou assim inabilitado para o cargo oficial que traria honra à sua família e o manteria em situação folgada pelo resto da vida. Coberto de vergonha, suportou como pôde as críticas do pai e decidiu que, de uma maneira ou de outra, cumpriria integralmente suas obrigações filiais. Certo dia, chegou uma carta convidando-o a visitar o tio, irmão mais velho do pai e destacado oficial da administração provincial.

— Muito bem, sobrinho — exclamou o comissário Kuo quando o jovem se apresentou para cumprir suas ordens — você foi pontual. Vamos à biblioteca conversar um pouco.

O tio levou-o para um divã diante do qual se via uma bandeja excepcionalmente elegante com utensílios para ópio. Acenando-lhe que se pusesse à vontade, recostou-se nas almofadas e começou a cozer uma bolinha de ópio numa chama minúscula, com uma agulha de prata. Quando o cachimbo estava pronto, ofereceu-o ao jovem, o qual, um tanto embaraçado, tartamudeou:

— Não, não, tio, obrigado! Acho que não tenho cabeça para ópio ou vinho.

— Tanto melhor — exclamou o tio, deliciado. — Já percebo que você é o tipo de rapaz ajuizado que procuro.

E, colocando o cachimbo na própria boca, prosseguiu com bonomia:

— A virtude, nos moços, é muito de desejar. Mas em tudo o sábio evita os extremos. Espero que não vá recusar um presentinho que arranjei para você esta noite. Com dezesseis anos, ela é a última e mais suculenta aquisição de uma tal Mãe Ma, agente da Casa da Eterna Primavera: seios como peras macias (da garota, não da Mãe Ma, é claro!), pés cor de lótus dourado inacreditavelmente miúdos, cílios longos, cintura de vespa. Em suma, a perfeição.

— Obrigado, tio — murmurou Hsiang-Hsi, corando. — Eu... bem, como sabe, tio, há pouco fiquei noivo da terceira filha da família Wang e... e...

— Poupe os rubores, caro rapaz. Compreendo perfeitamente. Estava apenas testando-o. Agora estou certo de que é exatamente a pessoa indicada para realizar uma importante missão. Missão das mais delicadas. Trata-se de uma tarefa que exige virtudes inatas, como as suas. Sem elas, aquela sirigaita da sua tia mais nova certamente iria rondá-lo com suas artimanhas.

Expelindo o que um poeta certa vez chamou de "nuvens perfumadas de doce esquecimento", o comissário Kuo explicou que sua quinta concubina, que aos dezesseis anos já tinha idade para comportar-se com algum decoro, desaparecera uma hora antes de sua esperada chegada à casa para começar os seus deveres matinais. Quase tão mau quanto isso, alguns de seus presentes de noivado haviam desaparecido com ela. Em vez de agradecer-lhe a generosidade de salvá-la, pobre filha de um estudioso que era, da mais abjeta pobreza e em colocar todos os luxos ao seu alcance, fugira com um rapazola sem vintém, o patife do Wu, que morava perto da casa do pai dela. Dizia-se que haviam fugido para as colinas de Nan Yeo, célebre montanha sagrada, e se estabelecido num santuário abandonado no sopé. Podiam, é claro, ser presos e punidos conforme a enormidade do crime o merecia, mas o comissário Kuo estava disposto a esquecer tudo se ela voltasse para ele e prometesse comportar-se como convinha a uma das esposas menores de tão importante funcionário.

— Como vê, sobrinho, mandei buscá-lo, testei-o e descobri que era justamente o tipo de pessoa apta a conduzir essa delicada missão. Como parente próximo, saberá ser discreto para não comprometer a reputação da família. Fica autorizado a oferecer ao sedutor uma soma de dinheiro pagável no dia em que se for para uma província distante, à sua escolha. Que digo! Posso até escrever às autoridades locais pedindo que arranjem um emprego para ele! Se se obstinar, conto com você para despachá-lo direto para o mundo dos fantasmas, sem grande barulho e, sobretudo, sem que sua nova tia o saiba. Seria desagradável vê-la derramar-se em lágrimas ou nutrir algum ressentimento contra seu amado marido. Semelhante comportamento perturbaria a tranqüilidade de uma casa que, como verá, é inusitadamente harmoniosa.

Munido dessas instruções, informado da rota a ser seguida, com uma bolsa a tiracolo e um par de vigorosos cavalos, lá se foi Hsiang-Hsi a cumprir as determinações do tio, embora não sem uma forte relutância. Suas simpatias estavam todas com a infortunada moça e ele preferiria despachar o tio para o mundo dos fantasmas a privá-la de seu amante. Revoltava-lhe a idéia de uma adolescente ser forçada a parir filhos para um homem talvez mais velho que seu avô. Por outro lado, tinha para com o tio, chefe do clã, um dever filial não menor do que se o velhote fosse seu pai. Não tendo conseguido, ao fracassar nos exames, honrar a sua família, de forma alguma poderia comportar-se de modo a provocar um estremecimento entre o pai e o poderosíssimo tio. Além do mais, segundo os princípios confucionistas que ele próprio acatava, a jovem agira muito mal. Se as mulheres tivessem licença para escolher seus maridos, adeus civilização! Persuadido por essas sérias e honoráveis reflexões, endureceu o coração para cumprir ao pé da letra as ordens do tio, exceto o assassinato.

A viagem ao monte Nan Yeo levou vários dias. Montar um cavalo e levar outro pelas rédeas não é o meio mais rápido de avançar por uma estrada ruim. A tarde caía quando chegou ao sopé da grande montanha, cujas vertentes cheias de templos e picos elevados perdiam-se no nevoeiro. Embora o santuário abandonado onde esperava achar os fugitivos não estivesse longe, não seria conveniente cair sobre eles enquanto estivessem nos braços um do outro. Na verdade, melhor seria ir até lá quando apenas a jovem se achasse em casa. Assim refletindo, e olhando em derredor à procura de um lugar onde passar a noite, divisou um templozinho dedicado a Niang Niang. Aproximando-se para examiná-lo, descobriu à esquerda do pátio uma cela equipada com um estrado de madeira, um colchão enxovalhado pelo uso e alguns utensílios de cozinha. Como a noite se adiantava e não havia sinal do proprietário, ele deu de comer aos cavalos no pátio e foi deitar-se.

Acordou sobressaltado de um sonho vívido. Lembrava-se claramente de ter estado procurando a origem de um raio brilhante que se coava pelas fendas da porta. Sua investigação levara-o ao santuário, onde, em lugar da imagem velha e poeirenta que esperava, deu com uma senhora gloriosamente adornada, cuja cabeça e corpo emitiam uma luz resplandecente. Até as palavras que ela proferira ficaram-lhe na memória:

"Deixe-se de cerimônias e apenas ouça obedientemente. Fique sabendo que, durante séculos sem conta, tenho aparecido entre os homens, às vezes, como agora, num corpo celeste feito de luz, outras em forma humana e, de raro em raro, como um nobre corcel. Já sucedeu manifestar-me simultaneamente, sob múltiplos aspectos, em muitos universos. Conhecida por vários nomes, entre os quais Niang Niang e Kuan Yin, prefiro ser mutilada a aceitar beijos ímpios; é que, ainda num universo anterior, voteime à castidade caso meus poderes para mitigar o sofrimento fossem fortalecidos. Se aquela criatura confusa que é seu tio lograr seus objetivos, meu voto será anulado e, com isso, cessarão os meus poderes para auxiliar um número incontável de seres ainda não nascidos. Por isso eu o escolhi como instrumento para a realização de meus propósitos".

"Que sonho encantador!", pensou Hsiang-Hsi. "Gostaria de me lembrar como terminou. Naturalmente, pode-se atribuí-lo à minha consciência pesada em relação à garota. Ainda assim, tenho de cumprir os meus deveres filiais. Mas terá sido mesmo um sonho? Sinto um resto de seu perfume em minhas roupas." Enquanto esses pensamentos lhe cruzavam a mente, a estranha fragrância parecia tornar-se cada vez mais intensa e ele correu ao santuário esperando encontrar ali alguma prova de que não sonhara. Infelizmente, o que viu foi só uma estátua arruinada diante de um altar vacilante. Voltou a adormecer e acordou de manhã, convicto de que fora loucura sua confundir o mundo dos sonhos com a realidade.

Por tudo isso, encetou a derradeira etapa de sua desagradável jornada com muito mau humor. O sonho amoldara-se demais a seus próprios pensamentos para permitir que prosseguisse imperturbável no cumprimento dos deveres familiares. Duas horas depois, chegou à pequena gruta onde se erguia o santuário de que falara o informante do tio. Embora o santuário, em si, fosse pequeno, havia um telheiro anexo que, sem dúvida, servia de abrigo ao casal de fugitivos. Nem havia necessidade de investigar: sentada na soleira estava uma jovem vestida humildemente, mas de grande beleza, que o olhava um tanto alarmada. Do amante, nem sinal.

Detendo o cavalo e desmontando bem devagar para não assustá-la ainda mais, falou-lhe:

— Quinta Senhora, encantado em conhecê-la. Esta pessoa insignificante, chamada Kuo Hsiang-Hsi, é o seu desprezível sobrinho por casamento. O tio me enviou para escoltá-la em segurança para casa. Fique certa de que ali será bem-vinda como se nada houvesse atrasado a celebração das bodas.

Vendo-a corar, acrescentou delicadamente:

— Por favor, não crie obstáculos, do contrário alguém a quem muito quer irá sofrer.

Dizendo isso, relanceou o olhar para a espada que pendia da sela.

— Não há por aqui ninguém que me seja caro — replicou ela friamente, — a menos que você se proponha degolar as castas e santas monjas do convento lá em cima. Elas são inocentes. Em vez de fazer cair a cólera de seu tio sobre as pobrezinhas, decidi ficar por aqui por conta própria até que ele se esquecesse. Se, entretanto, você se refere ao generoso rapaz que arriscou a vida para me trazer a este lugar, vai procurá-lo em vão. Ele sabia de meu desejo de levar uma tranqüila vida de reclusa para se demorar uma vez cumprida sua missão. Você não conseguirá molestá-lo. Enquanto a mim, preferiria morrer a submeter-me àquele velhote libertino. Caso ele apeteça meu cadáver, você poderá arranjar as coisas como preferir.

Temendo que ela se fizesse alguma violência, Hsiang-Hsi saltou em sua direção e, o mais gentilmente possível nas circunstâncias, colocou-a sobre o segundo cavalo, amarrando-a à sela de um modo que ninguém perceberia as cordas de seda por baixo de suas roupas. Assim, a jovem não padeceria a vergonha de ser reconhecida como uma cativa, nem ele seria questionado por policiais ou viajantes com que topassem no caminho.

— É melhor não gritar por socorro, Quinta Senhora. Tenho uma ordem de prisão lavrada pelo comissário Kuo e uma autorização selada para cumpri-la. Quem vir esses documentos não se atreverá a ajudá-la. Tudo o que conseguiria seria causar a si própria e ao meu tio uma vergonha desnecessária.

— Virtuoso estudante de rosto de lírio — ponderou ela por resposta — pense bem no que está fazendo. Minha morte talvez não lhe pese na consciência, mas vai agravar tanto o seu carma que as más conseqüências se farão sentir em muitas vidas futuras.

Montando o cavalo, ao qual estavam firmemente presas as rédeas do outro, ele replicou:

— Qualquer que seja o custo, Quinta Senhora, tenho de cumprir a minha obrigação filial. Se tentar desvencilhar-se das cordas, pô-la-ei à garupa de meu cavalo, maneira de viajar que certamente achará bem desagradável.

E, esporeando a montaria, tomou o rumo de casa.

Quando passavam pelo templo à beira da estrada onde ele dormira, a jovem pediu tão insistentemente para entrar e homenagear a deusa que ele não pôde recusar-se, embora estivesse decidido a trazê-la sempre de olho. Mas, ocupado em segurar os cavalos, viu que ela corria para dentro. Seguiu-a. E a visão que teve fê-lo cair de joelhos e levar a cabeça ao chão, já esquecido de quaisquer responsabilidades. A velha estátua desaparecera, como no sonho, e em seu lugar estava ninguém menos que a Quinta Senhora em pessoa! Rodeada de um nimbo fosforescente, reclinava-se num trono de lótus colorido, flanqueada por dois espíritos luminosos — o facilmente reconhecível Shan Ts'ai e a Menina-Dragão, Lung Nü!

— Louvada seja a Grande Compassiva, a Piedosíssima Kuan Shih Yin, Bodhisattva Mahasattva! — gaguejou o aterrado estudante, repetindo a saudação diversas vezes na esperança de que a honorável Mahasattva lhe pudesse perdoar mais facilmente.

— Pare com essas lamúrias e ouça com atenção — cortou o Bodhisattva com a mesma voz da Quinta Senhora, com quem tanto se assemelhava. — Comovida por sua singela noção de piedade filial, agradou-Me aparecer-lhe neste lugar sagrado a fim de salvá-lo de um grave erro que, como uma pedra amarrada ao seu pescoço, o perturbaria ao longo de muitas vidas futuras. Depois de Me ver com olhos despertos, não convém que volte ao mundo da confusão. Não são feitos para você os prazeres, os ódios e as loucuras que ali pululam. Ou Me leva de volta ao santuário de onde tão brutalmente Me arrancou e, galopando para o Monastério do Cálice do Lótus, toma ali votos monásticos e vive até o fim de seus dias, ou eu volto para Ch'ang-sha-fu como sua cativa e os acontecimentos seguem o seu curso predeterminado — extremamente prejudicial a você, infeliz.

Hsiang-Hsi apressou-se a obedecê-la, totalmente esquecido das noções de piedade filial. Num átimo, os efeitos de vinte anos de adestramento confucionista dissiparam-se graças ao poder daquele ente radioso.

O Bodhisattva, retirando-se misteriosamente do corpo da Quinta Senhora, que voltou a ser uma criatura humana comum, desvaneceu-se. Hsiang-Hsin escoltou sua "tia" de volta ao santuário e seguiu caminho em busca do mosteiro. Sua admissão foi concedida imediatamente, e no devido tempo ele recebeu ordens.

Entrementes o comissário Kuo, temendo que o sobrinho houvesse sido assassinado ou raptado, pôs-se à testa de um grupo de soldados e partiu o mais rápido que os cavalos o permitiam para Nan Yeo. Encontrando deserto o santuário à beira da estrada e informado pelos camponeses locais de que a formosa dama entrara recentemente para o Convento do Orvalho Doce, ordenou a seus homens, furioso, que o seguissem montanha acima. E atacando o convento por todos os lados, deitaram fogo aos edifícios sagrados. Enquanto as aterradas religiosas, empurradas de volta ao inferno das chamas por uma chuva de flechas, apinhavam-se sob um arco que lhes proporcionava abrigo provisório, o comissário Kuo contemplava triunfalmente o rosto da jovem que fugira à sua libertinagem apenas para sofrer uma morte cruel. Todavia, extintas as chamas e reunidos pelos soldados os restos calcinados das vítimas, embora se contassem os das onze monjas, nenhum sinal da Quinta Senhora pôde ser descoberto. O fato agravou a tal ponto a ira do comissário que um grande calor subiu-lhe à cabeça e lançou-o por terra, morto. Sua agonia final passou despercebida pelos soldados, cujos olhos estavam fixos num formoso pássaro branco que volteou em torno do mosteiro três vezes, ganhou altura e, subindo cada vez mais, desapareceu por trás dos portões dourados do céu. E não foi esse o único prodígio que presenciaram: os componentes da consciência das monjas assassinadas, evolando-se de seus lastimáveis despojos, alçaram-se aos espaços na esteira daquela ave alcandorada!

Termina aí a história — obviamente uma versão da de Miao Shan, um tanto atualizada. O que não fica claro é se a Quinta Senhora, possuída pela deusa no santuário, era ou não uma encarnação verdadeira de Kuan Yin. O monge de quem colhi o relato não sabia dizê-lo.

Outra história, essa mais trivial, foi-me contada por um jovem noviço prometido ao mosteiro ainda criança. Traz Miao Shan diretamente para o século XX — isto é, se os que presenciaram a aparição de Kuan Yin estavam corretos na suposição de que aquela forma excepcionalmente jovem era mesmo a de Miao Shan. Em certos aspectos, o conto aproxima-se mais dos relacionados com Tara do que do ciclo de Miao Shan, razão pela qual cheguei a hesitar em inseri-lo no presente contexto.

"Meus pais", começou o noviço, "prometeram-me ao serviço do Buda quando o Irmão Mais Velho adoeceu. Veja o senhor, lá jazia ele, quase morto, quando a piedade de Kuan Yin o salvou. Quando o médico nos declarou que já não havia esperanças, minha tia expulsou-o de casa e encarregou-se do caso. Convocando todos os vizinhos, ordenou-lhes que passassem ali à noite, recitando o Dhāranī da Grande Compaixão até o amanhecer. Como minha tia não é flor que se cheire, eles obedeceram. Cerca de meia-noite o Irmão Mais Velho, que estivera em coma o dia inteiro, levantou a cabeça e murmurou: 'Olhem, a garota!' Tinha os olhos fixos na viga do teto, onde, para nosso espanto, sentava-se uma jovem semelhante a uma fada, em longos trajes antigos.

Diversas pessoas asseguraram mais tarde que ela era a própria imagem dos retratos de Miao Shan que ainda se podem ver nos livros ilustrados à antiga moda da dinastia Ch'ing. Isso nada significava para mim, que nunca vira tais ilustrações nem ouvira falar de Miao Shan. Foi, porém, o que disseram.

Não vou dizer que a forma da moça fosse muito nítida, apenas que era nítida o bastante para ninguém tomá-la por uma ilusão de óptica provocada pelo jogo de luz e sombra. Além disso, estava sorrindo, como todos pudemos perceber. Trazia nas mãos um vaso daqueles em que Kuan Yin recolhe o orvalho da compaixão, como se diz. Brincava com ele qual criança travessa e de súbito emborcou-o, fazendo com que um pouco do líquido caísse diretamente sobre a cabeça de meu irmão. Em seguida desapareceu e todos nos pusemos a falar ao mesmo tempo. Que barulheira! Minha tia não cabia em si de contente. Depois de dar uma olhada no enfermo, declarou que não havia mais necessidade de prosseguir no tratamento (referia-se à recitação do mantra). Dali a dois dias o Irmão Mais Velho estava de pé. O médico perdeu a fala quando, menos de uma semana depois, o Irmão Mais Velho dirigiu-se à aldeia vizinha para oferecer-lhe um cesto de frutas! Ah, ia-me esquecendo! Foi quando começaram a recitar o mantra que minha tia persuadiu meus pais a votar-me ao monastério, como ação de graças pelo restabelecimento do Irmão Mais Velho. Estou satisfeito por isso. Gosto daqui."

Como Kuan Yin, sob o nome de Kwannon-sama, alcançou praticamente a mesma popularidade no Japão que na China, devo contar uma história japonesa que é ao mesmo tempo parecida com as equivalentes chinesas e diferente delas.

O nascimento de Chūjō Hime, filha do nobre Fujiwara Toyonari (século VIII d.C.), infelizmente custou a vida à mãe (que, diga-se de passagem, teria sido uma encarnação de Kwannon-sama). A menina distinguiu-se na infância pela piedosa dedicação aos homens e animais infelizes. Apesar disso, a madrasta tratava-a muito mal, chegando a atentar contra sua vida! A pobre Chūjō Hime fugiu para o monte Hibari, na província de Kii, causando imenso sofrimento ao pai, que precisou de dois anos de buscas para encontrá-la.

— Querida filha — exclamou ele, passados os transportes de alegria — trago-lhe a melhor das notícias. Arranjamos casamento para você. Não, não me interrompa. Com ninguém menos que o nosso Tenno, Filho do Céu e Imperador do Japão!

— Pobre pai — respondeu Chūjō Hime tristemente — embora se tenha empenhado nisso a fundo, não pode ser. Deve pedir a Sua Majestade que me perdoe, pois prometi a Buda permanecer solteira a vida toda a fim de dedicar-me por inteiro à obtenção do estado de Bodhisattva, a bem de todos os seres sencientes.

Ante a cólera ou a decepção do pai, ela entrou então para o convento Taima-deva, na província de Yamato. Ali, entregou-se a uma longa série de rigorosas austeridades, implorando diariamente a Amidabutzu (Buda Amitābhā) que aparecesse e lhe desse um sinal de bom êxito na busca do estado de Bodhisattva. Não recebendo resposta, ao fim desabafou:

— Santo Amidabutzu, enquanto não te manifestares nenhum alimento passará por meus lábios, e serás responsável por eu morrer de fome!

Eis que um estrangeiro velho se lhe apresenta à porta e, após conversar um pouco, promete mostrar-lhe o paraíso de Amidabutzu, desde que cumpra algumas insólitas instruções da Superiora. Logo depois, recebia ordem de amealhar cem porções de talos de lótus e separar cuidadosamente suas fibras. Ela o fez e, ainda em observância às instruções da Superiora, atirou tudo num poço que surgira miraculosamente no pátio. Em contato com a água puríssima, as fibras ganharam luminosas e variadas cores. Cumprido esse prodígio, apareceu uma jovem munida de um tear, a qual, em não mais que seis horas, teceu uma exótica representação da Terra Pura de Amidabutzu — o que foi tanto mais espantoso quanto a tapeçaria era, em si, maior que o quarto que a continha! Profundamente comovida, Chūjō Hime curvou a cabeça até o chão, em reverência; e, para sua imensa alegria, o estrangeiro velho e a jovem tecelã se revelaram como Amidabutzu e Kwannon-sama!

Uma passagem dessa encantadora historieta — aquela em que a garota ousa *ameaçar o Buda* (!) — soa-me como especificamente japonesa. Nenhum devoto chinês se mostraria tão avesso às conveniências!

Capítulo 5

Alguns Conceitos Budistas de Kuan Yin

À perfeição de seus méritos
Curvamos, reverentes, nossas frontes.
Sūtra do Lótus

Sempre me deixaram intrigado aquelas maravilhosas esculturas chinesas de marfim que compreendem um grande número de bolas esculpidas girando uma dentro da outra. Intricadamente decoradas, as camadas exteriores ocultam em grande parte as interiores; mesmo examinando-as atentamente, não é fácil discernir a bola mais interior ou sequer distinguir com clareza uma camada intermédia contendo outra bola. Assim sucedeu com minha visão de Kuan Yin, já que alguns de seus aspectos mais ou menos materialistas pareceram-me inextricavelmente entrelaçados. Isso ocorria especialmente com os níveis de compreensão nos quais ela troca gradualmente seus atributos de deusa pelos de um Bodhisattva. O aspecto que oferece àqueles que lhe queimam incenso nos santuários à beira das estradas e nas grutas das montanhas ou nos templos dos pescadores e barqueiros não passa por nenhuma mudança notável quando ela se apresenta aos menos eruditos membros das comunidades budistas chinesas e japonesas. Certo, eles a conhecem por seu título apropriado, Bodhisattva, mas alguns achariam difícil explicar a diferença que existe entre os deuses e os Bodhisattvas. Os sutras Mahayana mais estimados pela

Seita da Terra Pura, a que pertencem muitos de seus devotos, não revelam facilmente seu significado oculto. Nisso se assemelham, em verdade, às profundas obras tântricas reverenciadas pelos tibetanos: considerados literalmente, na ausência de instrução oral de um Mestre, eles podem mais repelir do que atrair a maioria dos estudiosos ocidentais do Caminho, que podem achá-los demasiado cheios de maravilhas para merecer uma atenção mais séria.

A fim de que o enfoque aqui adotado para a compreensão do verdadeiro significado de Kuan Yin se tornasse plenamente consistente, fazia-se mister expor os ensinamentos e as práticas da Terra Pura tal qual eles aparecem aos olhos dos incultos e reservar seu significado mais esotérico para um capítulo posterior. No entanto, não foi assim que eu próprio me iniciei nesses ensinamentos; graças à orientação de alguns amigos chineses, comecei a ter pelo menos uma vaga concepção de seu significado esotérico quando ainda me achava no limiar dos meus estudos, e foi em conformidade com essa experiência que elaborei a minha exposição. Como tantos outros budistas ocidentais, a princípio fiquei perplexo com aquilo que poderia ser visto como a prática da Seita da Terra Pura na China meridional, sendo incapaz de reconciliá-la com o ensinamento budista que então me era familiar. Conquanto suas manifestações fossem sempre belas, não me parecia tivessem muito a ver com a realidade.

Em sua forma literal a doutrina reza, em síntese, que o Buda, antevendo o advento de uma era decadente (na qual nos encontramos hoje) e reconhecendo quão difícil seria para os seres nascidos nessa era alcançar a Iluminação pelos meios até aqui expostos, apresentou compassivamente um caminho muito mais fácil de trilhar. Pronunciou alguns sutras (discursos) acerca de Budas celestiais, como Amitābha, e Bodhisattvas, como Kuan Yin, cada um dos quais criara mentalmente um reino espiritual (Terra Pura) onde todos os seres que a eles aspirassem sinceramente haveriam de renascer sob condições idealmente apropriadas ao progresso rumo à Iluminação. Aproveitando-se dos vastos méritos do criador da Terra Pura que escolheram, tais seres, por maiores que sejam os seus deméritos, poderiam facilmente alcançar o renascimento, por exemplo, no Potala de Kuan Yin, e assim escapar à monótona roda de nascimento, sofrimento e morte interminavelmente renovados que constitui o *samsara*. Ademais, esses Budas e Bodhisattvas foram retratados empunhando poderes com os quais poderiam afastar instantaneamente qualquer perigo ou aflição de qualquer ser que a eles recorresse com absoluta sinceridade; assim, mesmo que uma pessoa estivesse ajoelhada sob a espada de um verdugo já erguida para golpear, um simples grito vindo do fundo do coração do Bodhisattva Kuan Yin faria com que a lâmina caísse ao chão despedaçada!

Ora, esse ensinamento, expresso embora em termos da mais sublime beleza, pareceu-me bom demais para ser verdadeiro, demasiado imbuído de concepções primitivas do céu e recendente a contos de fada tipo Cinderela. Todavia, meus amigos chineses aconselharam-me a não descartá-lo, mas investigar seu propósito recôndito. Pouco depois de minha chegada ao Oriente, travei calorosa amizade com um homem extraordinário, médico chinês e budista perspicaz, cerca de dez anos mais velho que eu. Atraiu-me prontamente por razões diversas, uma das quais, e não a menor, era o seu amor pela tradição, que se manifestava na maneira de trajar — em vez do surrado terno ao estilo do homem de negócios ocidental, indumentária que já se tornava comum em Hong Kong, envergava ele uma elegante túnica de seda e um antiquado barrete de cetim preto engomado, encimado por uma protuberância escarlate. Apaixonado pelas formas mais esotéricas do budismo, a princípio ele dominou a forma

Shingon, levada de volta do Japão para a China, e em seguida se consagrou ao estudo do ensinamento Vajrayana dos lamas tibetanos; e, quanto à Seita da Terra Pura e outras, manteve a atitude tipicamente chinesa que o Venerável T'sai Hsü resumiu certa feita nas palavras: "Todas as seitas são como as contas de um rosário". É ao meu amigo médico Ta Hai que devo a solução de algumas dúvidas sobre os ensinamentos da Seita da Terra Pura, que persistiam a despeito da especial afinidade que eu sentia por Kuan Yin.

— Meu caro Irmão Mais Velho, desde que passei por aquela singular experiência tenho pensado muito em Kuan Yin — disse-lhe eu um dia, estendendo-lhe um exemplar aberto do Sutra Dhāranī do Coração da Grande Compaixão: "*Se qualquer ser recitar o sagrado Dhāranī da Grande Compaixão e não renascer na minha Terra de Buda, juro que não entrarei na Suprema Iluminação*".

— Como você sabe — continuei —, há numerosas passagens nos sutras onde se declara que quem pronuncia o nome de Kuan Yin com profunda sinceridade ou lhe recita o mantra com todo o coração renascerá seguramente em seu sagrado Potala e ali será preparado para alcançar a Iluminação. Isso não lhe parece fácil demais para ser verdade? Noutro passo os sutras enfatizam reiteradamente que a semente da Iluminação, latente em todos os seres, há de ser regada pela autocultivação, porque nenhum mestre, humano ou divino, pode fazer o trabalho por nós. Admitindo-se que essas descrições da Terra Pura, cheia de árvores carregadas de jóias, lagoas com lótus guarnecidos de pedras preciosas e pássaros que entoam ensinamentos sagrados podem ser entendidas figurativamente, e pondo de lado o fato de que tais descrições provêm singularmente dos lábios de pessoas que partilham a nossa crença na doutrina da Mente Única, há outro obstáculo. Como conciliar a necessidade de autopoder *(tzû-li)* com a confiança da Seita da Terra

Pura no poder-do-outro *(t'a-li)*? Isso me parece bastante ilógico.

Ta Hai riu-se com gosto.

— Penso, Ah Jon, que você continua sendo o mesmo homem-demônio estrangeiro que não consegue aprender a pensar como os chineses. Por que se preocupar com o lógico e o não-lógico? A verdade tem muitas facetas. As coisas são tais quais você as vê. As coisas acontecem como você espera que aconteçam. Por quê? Porque a sua mente as converte no que elas são. Se você sonha longamente com um paraíso juncado de jóias, com certeza haverá de renascer nesse paraíso. Se pensa que a sabedoria ajuda a ingressar no mundo sem forma, com certeza haverá de renascer nesse mundo. Você aprendeu a recitar o Sutra do Coração, não aprendeu? Então sabe muito bem que "a forma é o vazio e o vazio é a forma; a forma não difere do vazio, o vazio não difere da forma". Sendo assim, por que se preocupar com semelhantes bobagens? Eu e meus amigos lhe repetimos o tempo todo que as aparências se encontram todas na mente. Por que você se recusa a entender isso? Fora da mente — nada!

— Sim, mas...

— Escute aqui, Ah Jon. O Mestre da Terra Pura fixa a mente no nome sagrado ou recita mantras sagrados muitas e muitas vezes, e assim sua mente fica tranqüila, não fica? Todas as obscuridades desaparecem. Desse modo, como você sabe, muitas pessoas adquirem a consciência sem objeto, que é o primeiro passo para a Iluminação. Isso é muito bom, não é? Então, por que se preocupar com o *modo* de adquiri-la? Todos os budistas estamos buscando uma meta mais elevada do que tudo quanto o homem possa ver ou imaginar. Concorda? Muito bem. Suponhamos que a minha concepção da meta é imprecisa e a sua lhe parece muito mais clara. Você sabe que ambas as visões podem estar longe, muito longe — mais de um milhão de milhas — da visão verdadeira. Temos, pois, de percorrer um milhão de milhas. Ora, o fato de você começar alguns centímetros à minha frente não ajuda grande coisa. Seus argumentos sobre *tzû-li* e *t'a li* lhe parecem muito bons, muito lógicos, muito sábios? Para mim, é tudo bobagem! Se quer estudar o Dharma de Buda, deve estudar sua própria mente. Só a mente é real, mas você está tentando colocar nela porta da frente e porta de trás! O Eu? O Outro? Interior? Exterior? Como pode ser? Algumas pessoas buscam na mente a Iluminação. Outras buscam o Bodhisattva. Acha que são diferentes? Nunca serão! Por quê? Porque todo o universo está dentro do seu crânio de osso. Em nenhum outro lugar. O Amitābha Buda está dentro do seu crânio. O Bodhisattva Kuan Yin está dentro do seu crânio. Os adeptos de Ch'an (Zen) buscam a Iluminação no interior da mente. Os adeptos da Terra Pura a buscam na Terra Pura. Qual a diferença? Dois pensamentos, uma só Fonte. Você é filósofo, por isso pensa de um jeito. Seu amigo apenas ama Kuan Yin, por isso pensa de outro jeito. Somos diferentes, pois sim! Mas qual a diferença? Duas idéias vagas, a mesma verdade luminosa. Você busca um movimento de compaixão na sua mente, e logo o encontra. Busca um ser radioso de compaixão, como Kuan Yin, e o encontra. Suponhamos que você saia agora para a rua e diga a todo mundo que deve usar o autopoder, e não o poder-do-outro. Acha que será compreendido? Ou as pessoas ficarão bocejando? É necessário acolher as mil formas com que o Buda compassivo ensina a milhares de tipos de pessoas.

Creio ter aprendido mais com Ta Hai do que com qualquer outro homem, mas a coisa não foi fácil. Seu inglês era pior do que o tenho apresentado até aqui, e meu cantonês não era melhor por essa época. Conseguíamos tratar de todos os tipos de assuntos abstrusos secundando as palavras com gestos, desenhos e caracteres chineses, porém confiando grandemente na espécie de compreensão telepática graças à qual os amigos íntimos logram superar a maioria das barreiras lingüísticas. Com outros membros do nosso grupo a coisa costumava ser mais fácil, já que alguns deles falavam muito bem o inglês. Perguntado sobre por que muitos dos adeptos da Terra Pura pareciam preferir evocar Kuan Yin ao Amitābha Buda, de quem ela era apenas emanação, um deles respondeu:

— Como você, eles se sentem atraídos por ela. Isto se deve à nossa natureza. Se você fosse um cavalo, sem dúvida iria invocar Hayagriva-com-Cabeça-de-Cavalo, que é também Kuan Yin. Se fosse uma lagosta, escolheria uma divindade-lagosta, da mesma forma que as najas invocam as divindades-serpentes. Representar a compaixão na forma de uma mulher encantadora é uma coisa razoável. O Amitābha Buda é a compaixão vista como uma qualidade nobre, fulgurante e majestosa; Kuan Yin é a compaixão vista como uma qualidade aconchegante e uma contraparte da doce piedade. Não tendo muitas cabeças, à maneira indiana, nem necessariamente compartindo a vastidão de Amitābha, ela atrai humanistas como você e eu e amolda-se perfeitamente à nossa concepção chinesa da divindade.

De tudo isso comecei a tirar uma conclusão que se revelou absolutamente equivocada, pois quando a expus eles se opuseram com veemência e percebi que as águas em que entráramos eram mais fundas do que pareciam.

— Vocês estão querendo dizer — perguntei — que Amitābha, Kuan Yin e suas solenes promessas de socorrer os seres sencientes são, na verdade, mitos destinados a persuadir os incultos a concentrar-se nos seus nomes e alcançar assim a clareza mental, embora sejam incapazes de perceber o seu propósito?

Nem bem essas palavras acabaram de sair da minha boca, percebi que estava dizendo uma tolice. Eles se entreolharam consternados — não porque, quero crer, como jovianos numa situação semelhante, esperassem uma saraivada de raios para receber semelhante blasfêmia, mas porque ficaram horrorizados pelo fato de que sua maneira de expor as coisas me tivessem confundido a tal ponto, ou talvez porque estivessem apenas perplexos diante de minha obtusidade.

— Não confunda as coisas — bradou o velho Lao com veemência, falando em cantonês na sua ânsia de desfazer o equívoco — Os Budas, os Bodhisattvas e suas promessas são reais. Se você duvidar disso, não poderá ser ajudado por eles.

— Mas...

— Veja esta escrivaninha. Ela é real, não é?

— Claro. É real no sentido limitado de que qualquer fenômeno é real. Posso vê-la e tocá-la.

— Muito bem. Mas que dizer, por exemplo, da justiça? Dizem-lhe, por exemplo, que o sistema legal britânico assegura ao seu povo muito mais justiça que o de Hong Kong. A justiça é real?

— Sim, sim, desde que você a expõe dessa maneira. A justiça pode ser quantificada até certo ponto, e é possível ver que ela existe em um lugar, mas não em outro. Teria sentido dizer que toda justiça foi banida deste ou daquele país.

— Muito bem. Embora não possa ferir a sua mão batendo-a contra a justiça, você concorda em que ela é real. Mas *por que* ela é real? Porque a mente a concebe. Se os seres humanos fossem entidades desprovidas de mente, como os automóveis, não poderia haver essa coisa chamada justiça. Assim, tudo quanto a mente concebe torna-se realidade. Suponhamos que se descobrisse que, afinal, o nosso sábio nacional, Confúcio, não teve existência histórica. Será que isso alteraria o fato de sua poderosa influência sobre o nosso país? Concebido como é, ele se teria tornado uma realidade, e as palavras e ações a ele atribuídas, como causas de grandes efeitos, também teriam realidade. Pode ter certeza de que a promessa de Kuan Yin é real, de que, se você desejar seriamente renascer em seu paraíso de Potala, irá renascer ali.

Tais eram as conversações que Ta Hai e seus amigos mais apreciavam, e sua sabedoria causava-me grande admiração. As perguntas e respostas acima evocadas podem parecer obscuras, a não ser que se tenha um conhecimento mais profundo do budismo Mahayana. O ponto crucial da questão é o seguinte:

Segundo esse ensinamento, é inútil perder tempo com questões como a de saber se já houve um começo para a sucessão de universos que surgiram e chegaram ao fim ao longo de inumeráveis éons, ou por que os seres sencientes devem passar interminavelmente de uma vida para outra neste triste reino de *samsara*. O que se impõe é concentrar a atenção no *presente*, pensando: "As coisas são assim; que fazer em relação a elas?" É-nos ensinado que a realidade tem dois aspectos — o reino do Vazio e o da Forma —, mas, devido aos obscurecimentos advindos da ignorância primordial e do carma negativo acumulado nas vidas passadas, não conseguimos *ver* que nada pode existir independentemente de tudo o mais, que todas as entidades (incluindo as pessoas) são transitórias, mutáveis, insatisfeitas e *destituídas de um ser próprio*. É a ilusão de possuir um ego que conduz a obscurecimentos como a paixão, a luxúria e o desejo desordenado. Deles brota, por sua vez, o anseio por uma existência *individual* contínua, que mantém os seres girando na roda de nascimento e morte, colhendo repetidamente o sofrimento, a frustração, o desapontamento, a aflição, a adversidade. Se pudéssemos ficar livres de todas as ilusões nascidas do ego, veríamos a nós mesmos como uma sombra em busca de sombras e procuraríamos ansiosamente colocar um paradeiro na roda — não na extinção, mas no Nirvana, a gloriosa apoteose na qual os egos ilusórios deixam de existir. A saída se encontra no interior da mente de cada ser senciente, sob a forma de uma energia latente de sabedoria e compaixão (Bodhi). Isso acontece porque as chamadas mentes individuais não são verdadeiramente separadas da Mente, o *plenum* no qual todas as coisas existem por todo o sempre na forma de *coisa nenhuma*. Quando as entidades desaparecem, nada se perde, pois que, em primeiro lugar, elas não tinham uma existência última, sendo contudo reais porque não separadas do Vazio.

A libertação se atinge mediante a Iluminação, fruto do transcender a ilusão egóica. Uma técnica eficaz para alcançá-la é a meditação (ou, melhor dizendo, a contemplação), que redunda numa volta a si mesmo, na eliminação dos obscurecimentos e no reconhecimento de nós mesmos e de todos os seres como totalmente desprovidos de eu ou de algo que se poderia descrever como um *ser próprio*. Desse modo o esforço há de ser *auto-esforço*. Nenhum guru, nenhuma grande divindade pode fazer essa revolução por nós: ela deve ocorrer por si mesma. É neste ponto que surgem a surpresa e a contradição aparente. Os adeptos da Escola da Terra Pura buscam uma saída por meio do renascimento numa "Terra Pura", onde poderão esquecer-se de si mesmos na grandiosa tarefa de buscar a Iluminação em condições ideais, já que ali não existem empecilhos, senão apenas influências poderosamente favoráveis. Exotericamente, é-nos ensinado que o Amitābha Buda (a exemplo de alguns outros, como Kuan Yin) prometeu salvar a todos os seres que a ele recorressem de todo o coração, admitindo-os numa Terra Pura. Tal seria o seu modo compassivo de ajudar os fracos em autopoder ou os demasiado ignorantes para entender o modo de usá-lo. Esotericamente, é reconhecido que a Terra Pura nada mais é do que a Mente Pura, o estado de todas as mentes quando depuradas dos obscurecimentos oriundos do ego. Porém essa distinção entre a compreensão exotérica e a compreensão esotérica da doutrina não é assim tão simples. Mesmo um budista tão erudito como Ta Hai sustentava que as várias Terras Puras, incluindo o Potala de Kuan Yin, existem efetivamente, em certo sentido, como lugares, uma vez que a mente assim as concebeu. Esse aparentemente incompreensível desvio da lógica será até certo ponto menos enigmático se aceitarmos que *todas* as entidades são criações mentais, nenhuma das quais é mais ou menos real do que qualquer outra.

Uma abordagem devocional, como a dos adeptos da Terra Pura, não goza atualmente de preferência no Ocidente, por lembrar em demasia as fés cristã e judaica, que muita gente já não considera aceitável. Poucos asiáticos compartem essa antipatia. Mesmo o budismo Theravada (meridional) tem um elemento de prática devocional maior do que é geralmente reconhecido pelos ocidentais. O mesmo se diga do budismo Ch'an (Zen), muitos de cujos ardorosos adeptos (incluindo o grande Daiset Suzuki) afirmaram a validade da doutrina da Terra Pura e consideravam suas práticas como meios particularmente eficazes para se alcançar a Iluminação. Ainda hoje, a Escola da Terra Pura tem muito mais adeptos entre os budistas japoneses do que entre quaisquer outros, como os tinha na China antes da submersão de todas as religiões nas águas da inundação Vermelha. Nas circunstâncias atuais, a prática da Terra Pura pode não ser adequada ao Ocidente; no entanto, seus críticos entre os budistas ocidentais fariam bem em ponderar mais profundamente as implicações da filosofia Mahayana antes de descartar os ensinamentos da Terra Pura, como costumam fazer, por julgá-los contrários ao espírito do budismo tradicional.

Como os budistas asiáticos sempre compreenderam, diferentes tipos de pessoas devem fazer abordagens largamente diferentes da mesma verdade. Isso é possível porque não se está lidando com a *compreensão*, que até certo ponto é governada pelas leis da lógica, mas com uma *prática* que, convenientemente executada, haverá de dar resultados seja qual for a concepção que dela se tenha a princípio. Um homem que aperta um interruptor de luz elétrica acenderá a luz mesmo que imagine estar ligando o rádio.

Voltando a Kuan Yin. Creio que a ênfase de meus amigos na invocação do Bodhisattva que encarna a sabedoria e a compaixão numa forma adequada às tradições culturais era justificável; mas, a meu ver, pode haver outra razão para a preferência dada a Kuan Yin pelas pessoas cujas crenças se alinham geralmente com as da Escola da Terra Pura. A visualização prescrita aos meditadores no Sutra Amitaiys é muito difícil de alcançar em comparação com a maneira popular de meditar sobre Kuan Yin. Quando nos achamos empenhados na meditação de tipo sutra, precisamos engendrar um quadro complexo que envolve, por exemplo, a criação mental de oito lagos fluindo para catorze canais, cada qual com as cores cintilantes de sete jóias; em cada lago existem seiscentos mil lótus, cada qual com sete jóias e com uma circunferência equivalente a doze vezes a distância percorrida por um exército num dia de marcha! A altura de Amitābha é igual a essa mesma distância multiplicada pelo número de grãos de areia contidos em *seiscentos quatrilhões* de rios, cada qual do tamanho do Ganges! Tudo isso está escrito, e muito mais deve ser visualizado tão claramente quanto vemos a nossa própria mão! A mente fica perplexa — e a intenção é justamente essa, porque, como sucede nos *koans* Ch'an (Zen), o objetivo é exaurir a mente até o ponto em que ela ingressa abruptamente numa nova dimensão. Bem executado, esse tipo de visualização conduz a uma transformação instantânea da consciência, abrindo novos reinos, que até então se achavam muito além dos mais recuados limites da percepção. Mesmo assim, a tarefa é espinhosa. A simples contemplação de Kuan Yin descrita no capítulo sobre a meditação pode talvez ser menos eficaz, mas é decerto mais adequada à limitada competência dos meditadores ordinários.

Esse ponto de vista foi-me sugerido por um folheto que encontrei na própria biblioteca em embrião da sala para noviços do mosteiro de Hua T'ing, perto de Kunming. Impresso nessa localidade, era obra de um homem de estranha aparência, que nos visitava ocasionalmente. Vestido com negligência, muito propenso a rir em momentos impróprios, ele me teria dado a impressão de ser meio louco, não fosse a sua reputação de sabedoria — muitos homens santos na história da China deram a mesma impressão de demência aos seus contemporâneos mais sóbrios. Incapaz de lembrar-me de algo mais do que o teor geral do panfleto, sou obrigado a preencher os detalhes com a imaginação, mas minha versão é fiel ao espírito do original.

Começava com algumas informações relativas à identidade do autor, lugar de nascimento, família e assim por diante. E seguiam-se estas linhas:

"Meu pai e meu avô, doutos confucianos da velha escola, olhavam os budistas com certo desdém, tendo-os na conta de pessoas iludidas com lúgubres histórias de magia. Foi por intermédio de minha mãe — mulher invulgarmente instruída de uma aldeia próxima a Ta Li — que cheguei à profunda doutrina conhecida como o vazio do não-vazio. Não que ela própria tivesse muito interesse em semelhantes profundezas. Devotada adepta da Escola da Terra Pura, pouco se importava com a metafísica; mas era seu costume comprar qualquer obra budista que o nosso fornecedor ambulante nos trazia. Quando criança aprendi a recitar a fórmula sagrada "Salve Amitābha Buda!" centenas de vezes ao dia, embora sempre às escondidas, temeroso da cólera de meu pai. Minha mãe acreditava que a repetição incansável dessa fórmula era suficiente, por si só, para promover a libertação da roda de nascimento e morte. Certa vez, quando meus colegas de ginásio me ouviram invocar suavemente o Amitābha Buda, zombaram de mim de um jeito tão desdenhoso que, para lhes recuperar a estima, resolvi levar para a escola as obras budistas que eles próprios achavam que poriam à prova o entendimento dos eruditos. Fingindo que eu próprio compreendia essas obras, vim a estudá-las com a máxima seriedade. Acreditava então que a prática da Terra Pura era coisa para mulheres, camponeses e outras pessoas similarmente incultas, e voltei-me para obras como o *Tratado da Pura Consciência* e os sutras *Avatamsaka* e *Lankavatara*. Essas obras nada me acrescentaram, visto que seu único efeito foi o de me perturbar a mente; por isso voltei a invocar o Amitābha Buda, mas não sem refletir presunçosamente que minha compreensão de sua prática estava agora num nível 'superior' ao de minha mãe! Que ignorante não lhe devo ter parecido! 'Superior' e 'inferior', 'profundo' e 'raso', que têm esses dualismos a ver com o conhecimento, a sabedoria e o entendimento?

"Certa vez fui ouvir uma palestra sobre a contemplação da Terra Pura por um famoso Mestre Tripitaka, a qual suscitou em mim a ambição de visualizar cenários de inimaginável vastidão. Isso também não me levou a nada. Tendo construído penosamente um imenso e cintilante plano de fundo com enormes lagos e árvores pejadas de jóias, tive de começar a criar imagens dos Três Seres Sagrados. Nem bem começara com o Amitābha Buda, o plano de fundo me escapuliu; ao começar com o Bodhisattva Kuan Yin, perdi o Amitābha; ao começar com o Bodhisattva Mahasthama, perdi Kuan Yin. Tudo estava além do meu poder. Só a vaidade impediu-me de voltar à simples repetição da fórmula sagrada, que minha mãe jamais abandonara um dia que fosse.

"Uma noite, sonhei que havia naufragado e que trepara numa mastreação em meio a um mar enfurecido e devastador. Ondas montanhosas curvavam-se sobre mim como dragões em contorção, até que finalmente fui lançado numa praia de inefável beleza. Dominando a costa rochosa, uma colina de turquesa erguia-se de uma floresta de jade regada por escumosas cascatas de águas lactescentes. As asas dos pássaros e insetos cintilavam como jóias; cervos ostentavam uma pelagem pintalgada de branco e carmesim. Como poderia eu duvidar que tinha chegado ao umbral do paraíso, do Potala? Atônito, mas jubiloso, avancei celeremente em direção ao cume da colina.

"Eu tinha sido observado, pois uma jovem veio correndo encosta abaixo ao meu encontro. Seus pezinhos encantadores mal pareciam tocar as rochas sobre a qual ela deslizava. Quando se voltou e me acenou para seguila, tive dificuldade em acompanhá-la e desgostou-me observar como ela oscilava entre as boas maneiras e a vontade de rir. Ao chegarmos à entrada de uma grande gruta turquesa, ela correu para dentro e logo sumiu de vista, deixando que eu a seguisse o melhor que pudesse. Tínhamos chegado a esse lugar contornando um lago salpicado de azul e ouro, um dos braços do qual corria para a caverna, sua água azul oculta sob massas de lótus róseos e brancos. Embora nenhum raio de sol penetrasse além da entrada, a gruta era iluminada por uma luz brilhante, e uma delicada fragrância enchia o ar. No centro havia uma rocha em forma de trono. Conquanto não tivesse nem acolchoado nem ocupante, reconheci-o como pertencente ao Bodhisattva e, ajoelhando-me, curvei a cabeça até a areia de um prateado cintilante que se estendia aos seus pés. Entrementes, meu nome foi pronunciado por uma voz tão melodiosa como o tinido de ornamentos de jade, as sílabas proferidas de maneira distinta e prolongada.

" 'Cheng-Li, quando proferi minha promessa muitos éons atrás, pensei que tinha simplificado as coisas. Por que você se *esforça*! Renuncie! Todo o Cânone Mahayana não contém mais sabedoria do que a sabedoria da renúncia. Isso é também chamado *dana*, doação'.

"Seguiu-se um riso suave e jovial, e depois o silêncio. Vi que estava sozinho naquela gruta iluminada. Já as cores mágicas se desfaziam em finas centelhas de pó colorido que iam desaparecendo uma a uma. Veio a escuridão e, estendendo a mão, esfreguei-a contra as cortinas de gaze que pendiam ao redor de minha cama.

"Agora eu me consagro aos sutras e às práticas piedosas. Dia e noite recito o nome sagrado do Bodhisattva, regozijando-me com a beleza do seu som. Não me sinto obrigado a recitá-lo em múltiplos de cem e de oito, como se fosse um dever. O corredor conta as suas respirações, ou o poeta suas palavras, ou o riacho suas ondas? Vós, seres sencientes que buscais a libertação, por que não renunciais a tudo? Quando estiverdes tristes, renunciai à causa da tristeza. Quando irados, renunciai ao motivo da ira. Quando ávidos ou lascivos, renunciai ao objeto do desejo. De momento a momento, libertai-vos do *eu*. Onde não existe *eu*, não pode haver tristeza nem desejo: nem *eu* para chorar, nem *eu* para desejar, nem "ser" para morrer ou renascer. Os ventos da circunstância sopram no vazio. A quem poderão fazer mal?"

Como tantos outros escritos desse tipo, o folheto concluía com versos que expressavam a essência de seu significado. Lembra-me que eram belos e que descreviam grande parte do cenário mágico — o lago dos lótus pintalgados de ouro, a montanha de turquesa cercada por uma floresta de folhas de jade e as "ondas curvando-se como dragões". A língua chinesa presta-se a esse tipo de descrições poéticas, e seu caráter monossilábico impede que os versos se tornem pesados ou floreados. As estrofes subseqüentes sintetizavam as qualidades próprias de uma mente ou coração dotados da compaixão de Bodhi, e no final liam-se versos como:

Irado, bane o pensamento de egoísmo;
Triste, deixa extinguir-se a causa da tristeza;
Lascivo, desprende-te do objeto mental da luxúria;
Ganha tudo simplesmente renunciando.

Todavia, tenho certeza de que a última estrofe original era muito mais impressionante.

Tendo recebido pouca instrução pessoal dos Mestres Tripitaka da Escola da Terra Pura, não estou certo de haver captado o sentido mais profundo de seus ensinamentos. Não se deve conceber Kuan Yin e seu Potala nos termos materialistas aceitáveis para os iletrados, que esperam, literalmente, contemplar esplendores físicos quando o Bodhisattva, em resposta a suas freqüentes invocações, vier socorrê-los no momento da morte; mas tampouco se deve considerar os sutras da Terra Pura como totalmente alegóricos, ou supor que a prática da Terra Pura só tem valor até o devoto "entrar no Potala" no sentido de reconhecê-lo como sua própria mente purificada dos obscurecimentos. Deve-se evitar um conceito demasiado materialista, por um lado, e uma interpretação meramente alegórica, por outro. Se disséssemos que Kuan Yin e seu Potala existem objetivamente, seríamos criticados por proferir um disparate; mas se afirmarmos que ela é totalmente uma criação da nossa própria mente, seremos acusados de arrogância ou nos lembrarão com ironia que o Bodhisattva existia muito antes de termos nascido. Talvez a compreensão plena seja um fruto impossível de colher sem a prática intensiva da Terra Pura, pois certamente não existe uma solução lógica para o enigma.

Uma exposição recente das principais práticas da Seita da Terra Pura — uma recitação contínua de uma das fórmulas devocionais — pode ser encontrada nos escritos do Venerável Hsüan Hua, abade do Mosteiro da Montanha de Ouro, San Francisco. Ela não resolve o enigma acima discutido, pois o Mestre não estava elucidando esse ponto, mas revela que o propósito da recitação do nome sagrado é muito diferente daquele que subjaz à maioria das práticas teístas com as quais é erroneamente confundida. Falando da recitação do nome do Amitābha Buda, diz ele: "Se você fizer sua recitação de manhã à noite, sem interrupção, poderá chegar ao ponto em que não saberá que está andando quando estiver andando, não sentirá sede quando estiver com sede, não saberá que está frio no tempo glacial e não sentirá calor quando estiver com calor. As pessoas e os *dharmas* (entidades) se esvaziam e você e o Amitābha se tornam um. O Amitābha Buda sou eu, e eu sou o Amitābha Buda. Não se pode separá-los. Recite com simplicidade e sinceridade, sem pensamentos errôneos. Não ligue para as preocupações mundanas. Quando não souber nem a hora nem o dia, poderá chegar a um estado miraculoso". Diz ainda: "Dia e noite recitamos o nome de Buda e com cada som pensamos no Amitābha. O termo *namo* significa *louvor*. A quem estamos louvando? Em última análise, estamos louvando a nós mesmos! No dia em que você se esquecer inteiramente de si mesmo, o Amitābha de sua própria natureza aparecerá". Estas citações, naturalmente, são aplicáveis à invocação similar oferecida a Kuan Yin, que não deve ser confundida com um afã grosseiro de granjear o favor da divindade pela lisonja, mas sim reconhecida como uma técnica eficaz para banir os obscurecimentos do ego e entrar diretamente em contato com... a Mente.

Outro dito esclarecedor do mesmo Mestre Tripitaka reza: "Como já lhe disse tantas vezes, o Dharma-porta da recitação de Buda é falso, como falsos são os (os da) meditação *dyana* (Zen) e da Escola de Ensinamento, da Escola de Vinaya (Disciplina) e da Escola Secreta (Esotérica). Basta você acreditar nele e o falso se torna verdadeiro: e, se não acreditar, o verdadeiro se torna falso...

Tudo é criado unicamente a partir da mente". A afirmação parece absurda. Como pode o falso tornar-se verdadeiro só pelo fato de se acreditar nele? No entanto, para o místico ela faz muito sentido, já que reconhece que *qualquer representação* daquilo que está fora do alcance do pensamento conceptual há de ser necessariamente uma aproximação demasiado precária para ter valor intrínseco; daí que todas as maneiras de representar o caminho e a meta só tenham valor como *substitutos convenientes*, a serem usados até se alcançar a percepção intuitiva direta. Colocada a questão nesses termos, pode-se mais facilmente entender onde reside a eficácia dos ritos de invocação de Kuan Yin.

Mesmo, porém, que se admita esse ponto em relação à recitação do nome sagrado do Dhāranī da Grande Compaixão, pode-se ter dificuldade em aceitar o que está escrito no Sutra do Lótus e também no sutra que expõe esse *dhāranī* referente ao poder de Kuan Yin para salvar os seres de perigos individuais como naufrágio, incêndio, tempestade, feras, demônios e mesmo litígios. Naturalmente, pode ocorrer a alguém que, se esses poderes fossem reais em sentido literal, então um pequeno corpo de crentes devotados, dos quais existem muitos, poderia ter detido a invasão da China pelos japoneses, ou o subseqüente avanço do Exército Vermelho, fazendo com que as armas se despedaçassem nas mãos dos soldados! Assim, a não ser que rejeitemos as afirmações feitas nesses sutras, somos tentados a procurar uma interpretação menos literal.

Será que aquelas palavras admiráveis significam que recorrer a Kuan Yin com uma mente esclarecida torna alguém insensível ao frio, ao calor, à fome, à sede, etc., e leva à libertação total em relação aos limites ao "eu", a uma identificação tão perfeita da mente do indivíduo com a Mente que o litígio e a morte num naufrágio ou no estômago de um tigre não são mais temíveis que os sonhos? Essa racionalização é válida, mas não leva em conta o fato de ter havido exemplos demasiado numerosos de pessoas que foram literalmente salvas de desastres na hora H ao invocar Kuan Yin para que se possa descartá-los como invencionices. E então? Dar-se-ia que, em face do perigo, a fé absoluta extrai das profundezas da pessoa reservas de energia tão poderosas que salvamentos aparentemente milagrosos de fato ocorrem? Ou algo mais misterioso, mais "mágico", está envolvido em tudo isso?

Pessoalmente, apraz-me pensar que o propósito interior dos trechos sobre os poderes salvadores de Kuan Yin pode ser, em parte, como segue. A contemplação contínua do Bodhisattva como a encarnação da pura compaixão afeta inevitavelmente todo o ser do devoto. Não buscando vantagens para si mesmo, deleitando-se em colocar-se a serviço dos semelhantes quando instado a fazê-lo, ele chega de certo modo a equiparar-se aos antigos sábios taoístas — homens tão desprendidos, tão fáceis de contentar-se com as alegrias simples, tão pouco propensos a ofender-se ou a pôr-se em evidência, a não ser quando solicitados a fazê-lo, tão afastados de qualquer tipo de comportamento agressivo e partidarismo que podiam passar a vida inteira em serena obscuridade. Não atraindo a atenção inoportuna dos ladrões, das autoridades governamentais ou dos policiais, não criando inimigos, não nutrindo rancores — em suma, não fazendo a menor ofensa aos seres humanos, animais ou espíritos, viviam o dia-a-dia não perturbados por animais selvagens ou por extorsionários, a salvo dos grilhões do prisioneiro e estranhos ao rútilo horror da espada do carrasco. Tais eram os "Imortais a quem o gelo não lograva congelar nem os raios do sol crestar". Raro as calamidades se interpunham no seu caminho. Mas se esta interpretação representa mais do que uma fração do verdadeiro significado dos sutras, isso eu não sei.

Num comentário sobre o *Dhāranī Sutra*, o Venerável Hsüan Hua conta uma história típica do poder salvador de Kuan Yin. Um devoto da deusa estava passando a noite numa estalagem cujo proprietário tinha o costume de administrar vinho drogado aos viajantes que procuravam sua hospitalidade e entrar furtivamente nos seus quartos de madrugada para roubá-los ou mesmo matá-los. Esse hóspede particular, contudo, era um budista demasiado devoto para tocar em vinho; não estando drogado, acordou e viu o proprietário avançando para ele com a faca levantada; nesse exato momento, houve uma forte batida na porta da frente. Retirando-se às pressas, o proprietário abriu-a e deu com um indivíduo corpulento, com jeito de policial, que polidamente lhe pediu para comunicar a um dos seus hóspedes — o mesmo que ele estivera na iminência de assassinar — que um velho amigo de nome tal e tal o esperaria em sua casa pela manhã. Renunciando tremulamente ao seu cruel intento, o estalajadeiro transmitiu o recado logo depois do alvorecer. O viajante, embora não o demonstrasse, não teve dificuldade em reconhecer as sílabas do "nome" do visitante como uma citação do Dhāranī da Grande Compaixão. Em outras palavras: o indivíduo com jeito de policial era, ou a própria Kuan Yin, ou um ente enviado por ela para proteger um homem piedoso que por longo tempo se consagrara à prática de recitar esse *dhāranī*!

O fato de o Venerável Hsüan Hua ter em um passo equiparado os Budas e os Bodhisattvas celestiais à própria mente do devoto e em outro relatado uma história fatual do poder salvador de Kuan Yin ilustra bem a dificuldade de se chegar a uma concepção satisfatória da natureza desses seres celestes.

1 Pintura característica de Kuan Yin viajando sobre uma pétala de lótus gigante. (Moderna. Coleção do autor.)

2 Imagem em madeira de Kuan Yin, do junco de um pescador da China meridional. (Recente. Cortesia de K. E. Stevens.)

3 Estátua de Kuan Yin com a mão direita erguida em gesto de bênção, da Província de Yunnan, Sudoeste da China. (Século XIII. Cortesia do Museu Britânico.)

4 Estátua em madeira dourada finissimamente executada de Avalokita, principal progenitor indiano de Kuan Yin, quase metade do tamanho natural. (Século XIII. Cortesia de David Kidd e Yasuyoshi Morimoto, cujo palácio japonês ela adornou durante longo tempo.)

5 Estátua nepalesa, de Tara, em bronze, segundo progenitor indiano de Kuan Yin, geralmente representado em postura sentada. (Séculos XI-XII. Cortesia do Museu Britânico.)

6 Retrato de Avalokita dos Mil Braços, das cavernas de Tun Huang, mostrando forte influência indo-tibetana. (Século VII. Cortesia do Museu Britânico.)

7 Magnificente imagem mongólica, de Tara, em bronze metálico, do Palácio-Museu da República da Mongólia. (Século XVII. Cortesia de Wongchindorj.)

8a Imagem em porcelana de Kuan Yin como Doadora de Prole

b Imagem em madeira de Amoy, China Meridional, representando Shan Ts'ai, criado de Kuan Yin.

c Imagem em madeira de Cantão, China meridional, representando Lung Nü (a Donzela do Dragão), criada de Kuan Yin. (Todas recentes e da coleção de K. E. Stevens.)

9 Estátua de Kuan Yin com o vaso de "orvalho doce" e a jóia da realização dos desejos (595 a.D. Cortesia do Museu Britânico).

10 Pintura do Amitābha Buda, de quem Kuan Yin é uma emanação, das cavernas de Tun Huang (Dinastia T'ang, séculos VI-IX. Cortesia do Museu Britânico).

11 Pintura do Amitābha Buda como o Guia das Almas, das cavernas de Huang Tun. (Provavelmente da Dinastia T'ang, séculos VI-IX. Cortesia do Museu Britânico.)

12 Estátua de Kuan Yin com o vaso de "orvalho doce". (Dinastia Liao, século XII. Cortesia do Museu Britânico.)

13 Estátua de Kuan Yin numa pose muito característica conhecida como "naturalidade senhoril". (Século XII. Cortesia do Museu Britânico.)

14 Estátua de Kuan Yin com um cesto de peixes, símbolo da fecundidade. (Data e proveniência desconhecidos. Cortesia de K. G. Stevens.)

15 Curiosa estátua de Kuan Yin. (Dinastia T'ang, séculos VI-IX. Cortesia do Museu Britânico.)

16 Estátua nepalesa em bronze, de Manjusri, encarnação da Sabedoria (1819 a.D.. Cortesia do Museu Britânico).

Capítulo 6

Ritos Sagrados

O misterioso som do nome de Kuan Yin
É sagrado como o rumor do mar
Não há outro igual no mundo!

Sūtra do Lótus

Durante meus primeiros anos na China, viajei certa vez até o rio Cássia, tendo comprado a passagem para uma embarcação de madeira muito maior do que uma sampana, mas não tão grande para ser apropriamente chamada junco. Na primeira parte da viagem as velas ficaram em sua maior parte enroladas, usando-se pequenas lonas para transportá-la através daquelas correntezas, sem necessidade de acionar os grandes remos que ressaíam de ambas as amuradas. A forte correnteza tinha sido uma maldição e era agora uma bênção para a tripulação (um avô, seus dois filhos, as esposas destes e várias crianças), porque, velhos e jovens, eles tinham feito a jornada rio acima arrastando-se obstinadamente ao longo das margens traiçoeiras, com os corpos curvados enquanto puxavam as cordas, manejando-as como animais de tração. Tendo partido de Kweilin ao luar, acordamos em meio à estranha beleza dos montes Yang Su, grotescamente retorcidos, dos quais diz um provérbio chinês: "Embora o cenário de Kweilin não tenha igual neste mundo, o de Yang Su é ainda melhor", o que pode indicar que Yang Su é uma parte do céu. Se assim for, o céu é um lugar que bem merece ser visitado.

Entre meus companheiros de viagem havia um homenzinho escanifrado, vestido de preto, de cabeça raspada, que parecia tão sábio que facilmente se poderia tomá-lo antes por um grande Mestre Tripitaka do que por um monge comum. Inspirado pelo encanto desse homem e pela magia daquele lugar extraordinário, falei-lhe livremente da afinidade que me impelira para Kuan Yin, de minhas dúvidas quanto às afirmações feitas em alguns dos textos recitados em seu louvor e de minha perplexidade ante as variadas descrições de sua verdadeira natureza. Depois de escutar atentamente, ele replicou:

— Você pensa demais.

Depois, segurando uma flor de lótus que colhera de manhãzinha para as suas devoções, exclamou:

— Kuan Yin está aqui, diante do seu nariz. Cheire!

Conquanto ele nada mais dissesse sobre o assunto, reconheci essa sentença como o mais impressionante sermão que jamais ouvira! Que o frescor ressumado ao alvorecer pelo orvalho que jaz pesadamente sobre as folhas gigantes que atapetam um lago de lótus é a fragrância de Kuan Yin, ou que o lótus — pureza imaculada que emana da fétida lama — é o seu símbolo preeminente, não havia jamais, tenho certeza, passado pela sua cabeça. Simplesmente, ele me dissera que, para conhecê-la, eu devia entregar todo o meu ser à experiência direta, aos ritos sagrados, por exemplo, ao cântico das passagens de que duvidava, ao sonoro clangor do bronze, à vibração em *staccato* do tambor de pele de peixe, à luz das velas que bruxuleiam sobre a sua imagem e a *tudo o mais que pudesse manifestar-se* a uma mente adequadamente receptiva; se lhes fosse permitido operar livremente a sua magia, essas coisas revelariam melhor a verdadeira natureza do Boddhisattva.

Esse conselho acudiu-me à memória ao longo dos anos sempre que surgiam oportunidades para segui-lo. De longe em longe, quando ficava com meus próprios instrumentos em alguma casa onde me hospedava, eu era surpreendido por uma percepção instantânea da presença de Kuan Yin e sabia, sem olhar, que atrás de um biombo ou em algum recesso ou canto parcialmente escondido do resto da sala havia um santuário a ela consagrado. Talvez isso não passasse de um caso banal — apenas um altar de trinta centímetros de largura ou um copo e um armário de madeira preta não maior que uma caixa de chá de tamanho comum contendo uma estatueta de Kuan Yin em porcelana branca, um turíbulo, um par de velas minúsculas com dois vasinhos de flores e algumas graciosas bagatelas reminiscentes com ornamentos marinhos, como pérolas ou corais. Mesmo que a fumaça ainda se evolasse de um turíbulo aceso para as devoções matinais ou vesperais, eu sabia que não era essa a razão da minha percepção de sua presença, pois os santuários domésticos podem conter a imagem de qualquer uma das inumeráveis divindades da China e ainda assim não despertar a sensação de uma presença sagrada.

Por vezes a experiência era tão forte que, se a deusa se materializasse subitamente, eu consideraria isso menos miraculoso do que o fato de ela estar verdadeiramente ali, embora impalpável para os meus sentidos. Isso ocorreu mais de uma vez durante minhas visitas aos locais conhecidos como “moradas da virtude”, tão característicos da China meridional. Servindo ocasionalmente de residência para idosos, mas mais amiúde de habitações para comunidades de homens ou mulheres semi-retirados do mundo, podia-se encontrá-las nos subúrbios de muitas cidades, tal como elas existem até hoje nas partes do Sudeste Asiático com grandes comunidades chinesas. Chega-se a uma entrada ornamental que dá acesso a um sítio aprazível onde amplos telhados despontam em meio ao arvoredo. Trata-se, na verdade, de pequenos templos com pátios posteriores providos de dormitórios ou filas de aposentos semelhantes a celas, ocupados por reclusos que podem estar vestidos com sóbrios trajes monásticos. A sensação da verdadeira presença de Kuan Yin nada tem a ver com a aparência de seu santuário ou com os traços arquitetônicos do local, já que lugares muito semelhantes podem dar a impressão de que ela não está nem nunca esteve lá; ela é atraída, penso eu, pela pureza dos residentes, por sua despretensiosa simplicidade, seu empenho em viver compassivamente, sem fazer mal ao menor inseto e muito menos comer carne, e por sua afabilidade para com tudo e com todos que os cercam. Basta olhar nos olhos deles para conhecer os frutos da devoção a Kuan Yin.

Essa atitude de alegre devoção prevalece também no Japão, onde o Bodhisattva Kuan Yin recebe o nome de Kwannon-sama. Minhas lembranças favoritas de uma recente visita a esse país são as dos grupos de romeiros caminhando de um santuário para outro numa região magnificamente arborizada e montanhosa. Seus alvos mantos de peregrinos cintilavam qual manchas de neve contra o verde-escuro dos gigantescos pinheiros e cedros que se erguiam sobre a extensão cinzenta de maciços telhados arqueados. Naquelas plagas solitárias, excetuados os cantos dos pássaros ou o suave rumor da água rolando pela encosta abaixo, reina um sossego maravilhoso — sossego que se torna mais impressionante por contraste com o clangor ocasional do grande sino de um velho templo verde. Mas com os peregrinos chega uma súbita inundação de alegres ruídos — misturando sons de passos, o baque dos cajados dos peregrinos sobre os caminhos escarpados, o tinido das campainhas que eles trazem suspensos das roupas e a hílare tagarelice da gente simples, que se sente perfeitamente segura de que cada passo no caminho as levará para mais perto do renascimento na Terra Pura de Amida (Amitābha) ou de Kwannon-sama. A jovial serenidade de sua fé se expressa muitas vezes em pequenos fragmentos de canção conhecidos como *waka,* mais extensos do que o *haiku,* mas com a mesma riqueza de delicadas alusões. Entre elas incluem-se canções em louvor a Kwannon-sama, das quais a mais apropriada é entoada quando se chega a cada um dos trinta e três templos onde se alojam notáveis imagens desse Bodhisattva. Por exemplo:

"O espírito que anseia pela próxima vida pode ser inconstante.
Não assim a promessa de Buda, firme qual montanha rochosa".

ou

"Tendo deixado nossa terra natal e chegado enfim a este templo de Kimiyedera, quão perto estamos agora da Capital!" *[aqui a última palavra, embora aparentemente signifique Quioto, quer dizer na verdade a Terra Pura, aonde Kwannon-sama os há seguramente de levar]*

Outra canção sugere que Kwannon-sama, transformando graciosamente as aparências ordinárias, propicia aos peregrinos um vislumbre da beleza da Terra Pura. Diz ela:

"Olhando de novo esta manhã, percebi que era apenas orvalho da manhã sobre o musgo neste jardim do templo de Oka-dera — era como cristal brilhante!"

Outra, ainda, dirigida a Jundei — uma das várias formas com múltiplos braços de Kwannon-sama — encarece a absoluta convicção da confiabilidade de sua promessa de libertar a todos os seres, quaisquer que sejam as suas imperfeições:

"Por maior que seja o fardo do mau carma, é certo que se pode remediá-lo pela prece — tão firme este Átrio de Jundei".

Tenho certeza de que o Japão conta com numerosos eruditos budistas que partilham muitas das sutis interpretações chinesas da natureza de Kuan Yin, mas sei muito pouco sobre eles para poder aduzir tantas comparações com os devotos do Bodhisattva na China quantas seria de desejar.

Para testemunhar uma celebração cabal dos ritos de Kuan Yin, o melhor é visitar um grande templo, seja na China, no Japão ou num dos países circunvizinhos, durante qualquer uma das três festas anuais que caem respectivamente no dia 19 do segundo, sexto e nono meses lunares. Primeiro vem o seu "aniversário" (termo surpreendente, se refletirmos que ela não é uma personagem histórica, mas um ser nascido de um raio de luz saído do olho do Amitābha Buda); segue-se a festa que lhe celebra o voto de renunciar à paz derradeira do Nirvana enquanto quaisquer seres continuarem perambulando na roda do *samsara*; e, por fim, a festa que celebra sua elevação ao estado de Bodhisattva. Uma vez tive a felicidade de testemunhar essa festa num grande templo à beira-mar, nas vizinhanças de Amoy, lugar com os usuais e encantadores tetos chineses, mas notável pelas paredes feitas de tijolos de cor vermelha, em vez de cinza. Como a limpeza é considerada um complemento essencial da pureza interior, o Átrio dos Três Budas e o santuário especial consagrado a Kuan Yin haviam sido de tal modo varridos e lavados que era impossível encontrar ali um só átomo de poeira. Ademais, as monjas e as reclusas leigas que tinham acorrido dos arredores para juntar-se aos monges a fim de celebrar a festividade tinham feito questão de tomar um banho ritual — não me lembro se no mar ou não.

Chegado o momento do grande ritual noturno, acenderam-se as velas, nuvens de fumaça aromática evolaram-se de uma dúzia de turíbulos dispostos ao longo das partes públicas do templo e os altares foram cobertos com rica profusão de frutas e flores. Os participantes pertenciam a quatro comunidades distintas — monges com *kasa* (togas) de seda marrom afiveladas com jade ou em finos mantos sobre vestes de mangas compridas de algodão preto, num estilo que lembrava as batas amarelas envergadas pelos monges budistas nos países tropicais; monjas, também de cabeça raspada e trajando vestes pretas, porém com sinais discerníveis de subjaquetas de um branco cintilante no pescoço e nas mangas, raro requinte apropriado para a ocasião; reclusas com alvos trajes cerimoniais; e pessoas comuns, como eu, envergando em sua maioria as tradicionais vestes de seda chinesas, mas não sem uns poucos homens de terno ao estilo ocidental. Todos, a não ser estes últimos, tinham certamente se purificado não apenas por abluções, senão também por um período de silenciosa contemplação, a fim de banir os pensamentos mundanos e qualquer outro tipo de pensamento estranho aos ritos. A aparência geral da assembléia era de asseio e de ricas tonalidades escuras, sem nenhum tipo de ostentação.

Convocados pelo ribombo de um tambor gigante, os devotos se encaminharam para seus lugares — monges à direita da assembléia, com os leigos na frente, monjas à esquerda, tendo por trás os reclusos trajados de branco. Cada qual se ajoelhou em cima da almofada, tocando o chão com a fronte; e, quando os pratos de bronze deram o sinal, essa tripla reverência foi repetida ao mesmo tempo. Embora pelo menos duzentas pessoas estivessem presentes e a cerimônia fosse das mais complicadas, os movimentos se sintonizavam maravilhosamente com os sinais sonoros emitidos por diversos tipos de instrumentos metálicos. Assim, nos tempos idos, os mandarins se prostravam diante do Filho do Céu quando a aurora tingia a Cidade Proibida.

Depois, feriu-se uma nota plangente e demorada. O imenso tambor vibrou um hino largamente cadenciado, mais variado que um cântico, mas que não chegava a ser uma canção. Dirigido não a Kuan Yin, mas ao Senhor do Dharma (Buda), colocava o ritual em sua perspectiva correta; pois, pelo menos para seus devotos budistas, Kuan Yin não é a divindade central de um culto separado, e sua adoração se conforma, sob todos os aspectos, ao ensinamento e à prática do budismo Mahayana.

Fragrância excelsa,
Luzindo na preciosa trípode,
Permeia o universo,
Uma oferenda ao Senhor do Dharma.
Possa ele existir enquanto existirem
O céu e a terra!
Possa ele, em bem-aventurança, existir
Enquanto existirem o céu e a terra!

Salve, ó Bodhisattvas,
Levados por estas nuvens perfumadas!

O resplendor e santidade da virtude
Sejam como estas nuvens que se espalham.
A Mente-Bodhi, imensamente vasta,
Projeta os seus brilhantes filamentos.
Reverenciamos o Senhor do Dharma,
Orando para que tudo seja auspicioso.

Salve, ó Bodhisattvas
Sob este pálio de nuvens perfumadas!

Em diversas etapas do ritual vinham outros cantos, propiciadores dos estados mentais que estavam destinados a promover. Incluíam uma peça curiosa, consistente em dez breves exclamações proferidas com força mântrica para causar impacto num nível situado para além do pensamento discursivo. No original chinês, cada qual tinha de duas a quatro sílabas sucintas:

Kuan Shih Yin!
Salve, Buda!
Nele, uma causa!
Nele, uma conseqüência!
Buda-Dharma-Sangha, conseqüência!
Alegria perpétua, ego aniquilado!
De dia, pensai em Kuan Yin!
De noite, pensai em Kuan Yin!
Tudo provém da mente!
Nada há que da mente não nasça!

Obviamente, *poderíamos* extrair algum significado articulado dessas exclamações, mas isso seria inútil e não daria idéia do efeito almejado pelas palavras.

Seguiu-se um silêncio e a assembléia apressou-se a recitar o capítulo P'u Mên do Sutra do Lótus, que todos certamente sabiam de cor, uma vez que os devotos costumam proferi-lo todos os dias de suas vidas. Primeiro, vem uma seção em prosa que relata como o Bodhisattva Aksayamati fez uma pergunta formal sobre os poderes salvadores de Kuan Yin, a que o Buda responde em pormenor. Em seguida, Aksayamati recita algumas estâncias resumindo tanto as suas perguntas quanto as respostas do Bem-aventurado. Dado que as seções em prosa e verso cobrem mais ou menos a mesma temática, só transcreverei aqui as estrofes que traduzi da versão chinesa do original sânscrito feita pelo mestre Tripitaka Kumārajīva no século III d.C. Em chinês monossilábico, cada verso contém apenas cinco sílabas; entoadas em ritmo rápido, produzem efeito muito maior do que o que se pode esperar da tradução em nossa língua. Os sons insinuantes, martelando nossos ouvidos, as luzes brilhantes do altar morrendo nas sombras do teto, o denso aroma de flores e incenso, tudo se combina para criar uma atmosfera mágica na qual os milagres recitados parecem mais verossímeis. Quase ao final, o ritmo se acelera e, atingida a passagem que começa com "Sincera Kuan Yin! Pura Kuan Yin!", ele muda das cinco pausas iguais para um rápido — //UU — , que apresenta um som vibrante ao compasso da profunda ressonância extraída do tambor de madeira e laca. À medida que as curtas linhas, com cesura acentuada, prosseguem em veloz sucessão, sobrevém uma sensação de êxtase crescente:

Ó Perfeito, Universalmente Reverenciado,
Peço-vos agora que declareis
Por que esse santo Bodhisattva
É conhecido como Kuan Shih Yin?
Ao que o Perfeito replicou,
Entoando a sua canção:

O eco de seus santos feitos
Reboa pelo mundo inteiro.
Tão vastos e profundos são os votos que ela fez
Quando, após incontáveis éons
Servindo as hostes dos Perfeitos,
Enunciou seu puríssimo desejo
(De libertar os seres da aflição).

Ouve, pois, o que sucedeu:
Escutar-lhe o nome, ver-lhe a forma,
Ou, com fé, proferir-lhe o nome,
Liberta os seres de todos os males.

Quem, com intento homicida,
Fosse lançado a uma fornalha,
Veria, só ao pensar no poder salvador de Kuan Yin,
As chamas transformadas em água!

Quem fosse atirado ao mar,
De monstros marinhos cercado,
Seria, só ao pensar no poder salvador de Kuan Yin,
Salvo das ondas ávidas.

Quem, do cume do monte Sumeru,
Fosse por inimigo deitado abaixo,
Flutuaria, só ao pensar no poder salvador de Kuan Yin,
Como um sol no espaço.

Quem, perseguido por malfeitores,
Fosse acossado na Montanha de Ferro,
Não teria, só ao pensar no poder salvador de Kuan Yin,
Um só fio de cabelo arrancado.

Quem, entre um bando de ladrões,
Visse contra si brandidas as lâminas cruéis,
Faria, só ao pensar no poder salvador de Kuan Yin,
Com que a piedade lhes aparasse os golpes.

Quem, tendo incorrido na cólera do rei,
Visse o cutelo alçado para golpear,
Faria, só ao pensar no poder salvador de Kuan Yin,
Com que a lâmina se partisse em pedaços.

Quem, entre os muros de uma prisão,
Tivesse os pulsos e os tornozelos a ferros,
Conseguiria, só ao pensar no poder salvador de Kuan Yin,
Libertar-se instantaneamente.

Quem, tendo bebido um líquido mortal,
Jazesse no solo, moribundo,
Anularia, só ao pensar no poder salvador de Kuan Yin,
O efeito do veneno.

Quem, assediado por *raksas*,
Dragões terríveis ou demônios zombeteiros,
Somente pensasse no poder salvador de Kuan Yin,
Por nenhum seria molestado.

Se feras afluíssem,
De colmilhos à mostra e mandíbulas ferozes,
Um único pensamento no poder salvador de Kuan Yin
As afugentaria.

Se víboras se enroscassem no caminho,
Exalando chamas e veneno,
Um único pensamento no poder salvador de Kuan Yin
Fá-las-ia desaparecer.

Se o trovão estrugisse e o raio faiscasse,
Ou assustadora chuva despencasse,
Um único pensamento no poder salvador de Kuan Yin
Abrandaria a tormenta.

Embora os seres oprimidos pelos males cármicos
Padeçam incessantemente,
A percepção miraculosa de Kuan Yin
Propicia-lhes a purificação de todos eles.

Dotada de poderes sobrenaturais
E sábia no uso de recursos eficazes,
Em todos os cantos do mundo
Ela manifesta suas formas inumeráveis.

Não importam os sofrimentos,
Os demônios infernais, as feras,
Os males do nascimento, da idade, da doença, da morte:
Kuan Yin há de os destruir um por um.

Fiel Kuan Yin! Pura Kuan Yin!
Infinitamente sábia Kuan Yin!
Bondosa e cheia de piedade,
Sempre desejada e reverenciada!

Ó Radiância efulgente e imaculada,
Sol do Saber que dissipa as trevas!
Ó Vencedora da tempestade e da chama!
Tua glória enche o mundo!

Tua piedade é um escudo de luz,
Tua compaixão forma uma nuvem admirável
Que, vertendo o néctar do Dharma,
Extingue as chamas do sofrimento.

Aos que se azafamam nas disputas
Ou tremem no meio dos exércitos,
O pensamento do poder de Kuan Yin
Traz a dissipação do ódio.

O misterioso som do nome de Kuan Yin
É sagrado como o rumor do mar.
Não há outro igual no mundo!
Por isso, devemos sempre pronunciá-lo.

Pronunciai-o com fé:
"Kuan Shih Yin" — som puro e sagrado;
Dos que padecem mortal receio
Suporte inabalável.

À perfeição de seus méritos,
À compaixão de seu olhar,
À infinidade de suas bênçãos,
Curvamos, reverentes, nossas frontes.

Ainda mais impressionante foi a recitação do Dhāranī da Grande Compaixão, que se seguiu ao canto do sutra. Conhecido em chinês como Ta Pei Chou, trata-se de uma prolação mântrica e é considerado o meio mais eficaz de invocar Kuan Yin. Como todos os mantras, apresenta pouquíssima articulação semântica mesmo no original sânscrito e nenhuma na tradução silábica chinesa — ou, pelo menos, nenhuma que seja perceptível à grande maioria dos que o recitam. O Venerável Hsüan Hua, é verdade, atribuiu significação a cada caractere, mas mais, talvez, como uma lista de correspondências psíquicas ou iogues do que como uma tradução. A aparente inexpressividade dos sons, no entanto, aguça, ao invés de anular, o poder do mantra, visto que sua recitação encaminha a mente para um nível de exaltação que ultrapassa o pensamento conceptual; ora, se nos preocuparmos com significados, as sílabas sonoras, em vez de promover a percepção pura, constituiriam um obstáculo à sua consecução.

O texto sânscrito que se segue é a reconstituição que o Dr. Suzuki fez a partir da tradução chinesa:

Namo ratna-trayāya namah ārya avalokitesvarāya bodhisattvāya mahasattvāya mahākarunikaya om sabalavati śudhanatasya namas-krivanimam ārya avalokiteśvara lamtabha namo nīlakantha śrīmahapataśami sarvatodhuśuphem asīyum sarvasada nama bhaga mabhatetu tadyathā om āvaloki lokate kalati eśili mahābodhisattva sabho sabho mara mara maśi maśi ridhayum guru guru gamam turu turu bhaśiyati mahā bhaśiyati dhara dhara dhirini śvaraya jala jala mama bhamara mudhili edhyehi śina śina alaśim bhalaśari bhaśa bhaśim bharaśaya hulu hulu pra hulu hulu śrī sara sara siri siri suru suru budhi budhi budhaya budhaya maitriye nīlakantha triśarana bhayamana svāhā sitaya svāhā mahā sitaya svāhā sitayaye śvaraya svāhā nīlakanthi svāhā pranila svāhā śrī sidha mukhaya svāhā sarva mahā astaya svāhā cakra astaya svāhā padma keśaya svāhā nīlakanthe pantalaya svāhā mobholiśankaraye svāhā namo ratnatrayāya namah ārya avalokita īsvaraya svāhā om sidhyantu mantra pataye svāhā.

Tão poderoso é o dhāranī, especialmente quando recitado nas condições que descrevo, que a consciência do ouvinte, levada pelo som mântrico, ascende a uma esfera de maravilhosa luminosidade. O efeito provocado naquele dia torna fácil acreditar na passagem dos sutras segundo a qual, quando o Bodhisattva Kuan Yin primeiro o recitou diante do Buda e sua corte de Bodhisattvas, *devas*, seres humanos, criaturas celestes e espíritos, toda a Terra estremeceu.

O ponto alto da festa de Kuan Yin, entretanto, foi a invocação de seu nome, prática nunca omitida em solenidades desse tipo. Em fileiras cerradas diante do altar, a assembléia pôs-se a cantar *Namo Kuan Shih Yin P'u-Sa*

("Salve Kuan Shih Yin, Bodhisattva"), em uníssono, repetidas vezes, a princípio em ritmo lento, depois cada vez mais acelerado. Em resposta a uma nota tocada num instrumento de suave harmonia, monges, monjas, reclusos trajados de branco e leigos, nessa ordem, levantaram-se de seus lugares e formaram uma fila única que, como gigantesca serpente, evoluiu pelo átrio do templo, ora cercando o altar, ora as estátuas à frente dele, mas girando sempre em sentido horário. O ritmo se tornou tão rápido que os passos se transformaram numa corrida e o canto se resumiu num breve e veloz *Kuan Yin P'u-Sa, Kuan Yin P'u-Sa...* Pelo rosto dos devotos, concluí que muitos experimentavam em suas mentes uma manifestação do Bodhisattva. Soou outra nota e a serpente humana começou a diminuir enquanto os membros, um por um, voltavam aos seus lugares. O cântico, em *crescendo*, cessou abruptamente e seguiu-se um profundo silêncio. Quem poderia dizer quantas daquelas pessoas presas à ilusão do ego haviam alcançado uma luminosa serenidade, um estado de percepção aguda, mas sem objeto, como se um raio brilhante atingisse uma vasta extensão de neve?

Curiosamente, nenhuma outra prática entre as muitas destinadas a despertar o *prajñā* (suprema sabedoria) foi tão mal recebida no Ocidente como esta, a despeito da calorosa aprovação dos mestres Ch'an (Zen) e dos lamas tibetanos, a quem muitos ocidentais tanto reverenciam. Parece que seu imenso valor iogue lhes escapa. Mas por quê? Seria de supor que os filhos do Ocidente, dados a uma abordagem científica no estudo de temas novos, correriam a pesquisar *todos* os métodos iogues ensinados no Oriente, em vez de chegar a conclusões apressadas, aceitando uns e rejeitando outros.

É verdade, entretanto, que nos países do Extremo Oriente, onde o valor dessas recitações iogues é plenamente aceito, diferem muito as opiniões sobre como, por que e sob que condições essas práticas são eficazes. Na China, por exemplo, acredita-se (mas nem sempre) que a invocação do nome sagrado de nada vale se não for acompanhada ao menos da firme determinação de cultivar a compaixão e, sobretudo, de evitar causar sofrimento aos outros. No Japão, muitos devotos das seitas da Terra Pura acham que a ioga deve seu poder unicamente ao grande mérito do Amitābha Buda ou de Kuan Yin, conforme o caso, pouco importando o estado moral do devoto. Que essa opinião prevalece algumas vezes também na China, ilustra-o a curiosa história que se segue, contada a mim, não faz muito, por um oficial de Taiwan quando visitei Bangcoc.

"Em criança fui muito ligado à minha mãe, que facilmente me persuadiu a recitar o santo nome de Kuan Yin centenas de vezes, de manhã e à noite, sem esquecer os momentos difíceis do dia. Eu o fazia não só para comprazê-la como pela consciência de que tudo o que ela me recomendasse só podia ser excelente. Era uma pessoa maravilhosa, como esposa e como mãe. Embora idolatrasse meu pai durante os mais ou menos vinte anos de seu casamento, com um amor que aumentava em vez de diminuir, não hesitou em escolher para ele duas encantadoras e talentosas concubinas para lhe dar o prazer que, na idade dela, já não podia oferecer. Durante meses, depois que as duas chegaram, ela costumava brincar com o modo com que meu pai se havia naquela juvenil sociedade, sem um assomo de ciúmes. Mas quando a vaidade o levou ao ponto de permitir que a mais velha das garotas usurpasse os privilégios da *T'ai-T'ai* (Primeira Senhora), ela se sentiu cruelmente ferida. Pessoalmente desinteressada do amor sexual, cuidara que o afeto de meu pai por ela não se abalaria com a atração da simples beleza; além disso, não fora ela própria quem propiciara os meios para essa atração, como um ato de amor? Dentro em pouco a concubina de dezoito anos, valendo-se da conivência de meu pai, fazia-se tão importante na casa que minha mãe era constantemente humilhada na presença dos criados — e até das visitas! Reconhecendo, com pesar, que o marido já não a amava e que não tinha mais por que viver, passava horas preparando-se para o renascimento num lótus que haveria de se abrir no paraíso de Kuan Yin. Para sua alegria, logo as forças lhe faltaram e dali a um ano ela se foi.

"Naturalmente, meu pai cuidou para que lhe fossem proporcionados os requintados funerais da *T'ai-T'ai* de um homem de sua posição. Penso, porém, que sua única mágoa foi ter de dormir sozinho durante o tempo prescrito pelo decoro, segundo as antigas regras do luto. Quanto a mim, tinha os olhos vermelhos de chorar; mas, sem poder mostrar raiva a meu pai, voltei-me contra Kuan Yin!

"— Kuan Yin Bodhisattva — sussurrei furiosamente — levaste minha mãe com tuas lisonjas vazias! *Não* tens nenhuma Terra Pura e não existe compaixão neste mundo!

Será que minha reação foi exagerada? Como poderia sofrer assim uma mulher boa e delicada, fiel devota da Compassiva e tão pouco merecedora de críticas quanto o pode ser uma criatura humana? Por que a educação moderna não abrira meus olhos para a verdade óbvia de que tudo o que se relacionava com Kuan Yin era pura superstição? A partir de então, desgostoso, deixei de proferir o nome sagrado de Kuan Yin.

Naqueles dias, morava em Cantão, onde trabalhava no Escritório Provincial das Relações Exteriores, e ia progredindo graças ao trato habilidoso com as autoridades britânicas de Hong Kong — homens quase sempre arrogantes para com os chineses, mas de quem é fácil arrancar o melhor devido à sua absoluta falta de sutileza. Quando vinham com rompantes, ríamos por trás dos nossos leques. Findo o luto, casei-me com uma encantadora garota da família Ch'en, escolhida para consolidar a longa amizade entre seu pai e o meu. Embora seriamente aborrecido com a recusa paterna em permitir-me a escolha de minha própria esposa, logo acabei apaixonado por ela — tão apaixonado, como o senhor verá, que estava disposto à maior das violências contra quem tentasse imiscuir-se entre nós. Ora, tal pessoa — é fácil adivinhar — não era outra senão minha Segunda Mãe, a concubina adventícia que embaíra meu pai e levara minha mãe à morte. Fingindo genuína afeição pela pobre Ying, essa criatura aliciante e abominável fez o que pôde para minar o nosso amor e o nosso respeito mútuo. O pior de tudo é que nada tinha a ganhar com semelhante comportamento. Era motivada, estou certo, por uma tendência perversa a fazer o mal, a ferir quem quer que estivesse à sua volta e se mostrasse vulnerável. Bem, o senhor sabe a que casta de mulheres me refiro. Hong Kong parece produzi-las aos montes. Já lhe disse que foi lá que minha mãe a conheceu? Pensando no assunto dia e noite, fiquei obcecado com a idéia de livrar a família daquele formoso monstro — que digo, livrar o mundo! Só o que me faltava eram meios seguros, que não me comprometessem nem a Ying.

"No ano seguinte, por ocasião da Festividade da Pura Luz, toda a nossa família deixou Cantão para 'varrer os túmulos dos ancestrais', localizados num recanto aprazível das montanhas vizinhas e que ocupam porção considerável de um dos menores cemitérios locais. Tínhamos por costume depositar carne de porco assada, ave ensopada e vinho sobre uma pedra entre as tumbas, como oferenda aos augustos espíritos ancestrais, que absorveriam a essência invisível desses alimentos. Mais tarde, regressaríamos a casa com os restos da comida e a consumiríamos. Naquele dia, porém, o Pai decidiu que encerraríamos a festa na encosta de um monte de onde se descortinava um belo panorama, mas isolado e fora da vista das multidões que afluem ao cemitério na ocasião.

Enquanto estávamos sentados, comendo e bebendo, notamos uns doze sujeitos em luzidios quimonos negros que pareciam patifes profissionais. Postados a certa distância, observavam-nos atentamente e tartamudeavam entre si, como a decidir se convinha ou não assaltar um grupo tão grande como nós. Por fim, começaram a aproximar-se; então meu pai, sorrindo enigmaticamente, sugeriu a dois de meus tios que praticassem um pouco de tiro-ao-alvo. Havia jarras de vinho colocadas a distância conveniente e os três velhos, sacando de seus revólveres, reduziram-nas a cacos com uma única descarga. Quando o eco morreu, nem sinal se via dos sujeitos trajados de preto! Não nos incomodaram mais.

Pouco depois do incidente, resolvi passear pelos arredores a fim de certificar-me de que não estavam rondando por ali. Sucedeu então que, por mero acaso, topei com a Segunda Mãe num sítio afastado, procurando com os olhos uma árvore ou arbusto — coisa rara naqueles montes — onde esconder-se para satisfazer às suas necessidades com recato. Não havia ninguém mais à vista e nada que me impedisse de concretizar o plano que se formara em minha mente: acabar com ela, esconder-lhe os pertences e deixar seu corpo bem à mostra dos passantes. Nas circunstâncias, não se duvidaria de que houvesse sido assassinada e pilhada pelos rufiões que afugentáramos. A oportunidade tão esperada fora posta em minhas mãos pelos deuses! O senhor parece chocado? Mas se é dever de um bom filho vingar pai ou mãe!

"O único problema era como me aproximar sem alarmá-la. Ela devia saber muito bem de meus sentimentos a seu respeito e, caso gritasse, alguém poderia acorrer antes que eu sumisse com suas jóias e fizesse parecer que havia sido morta por salteadores. Quanto à arma, tinha por ali à disposição boa quantidade de pedras bastante adequadas ao trabalho. Avançando com um sorriso, disse-lhe:

— Segunda Mãe, não é seguro andar assim sozinha. E se aqueles sujeitos que acabamos de ver...

"Enquanto falava, aproximei-me mais e mais, escolhendo com os olhos a pedra de que me serviria. Tenho certeza de que meu rosto não traía minhas intenções — afinal, fora um diplomata bem-sucedido durante anos. Mas ainda assim ela adivinhou o que me estava passando pela cabeça e demonstrou isso. Mas não gritou nem recuou, nada disso. Ao contrário, permaneceu imóvel e, brindando-me com um sorriso agradável que momentaneamente lhe apagou a secura dos traços, disse em tom suave:

— 'Chiu-k'u-chiu-nan Pu-Sa lai!' ('Bodhisattva Salvador-do-sofrimento-salvador-de-agressão, vem!').

"Em lábios afeitos à malícia, essa prece a Kuan Yin parecia tão incongruente que comecei a rir enquanto tentava agarrá-la — ou melhor, abri a boca para rir e, sem dúvida, ela ficou aberta de espanto, pois uma invencível paralisia me dominou. Com as mãos alçadas para apertar-lhe o rosto contra meu peito a fim de impedi-la de gritar, fiquei como que petrificado, incapaz até de piscar, quanto mais de dar seguimento ao plano. Jamais vira mulher tão feliz e segura. Sorrindo aprazivelmente, agradeceu-me por ter vindo e voltou-me as costas. Ao caminhar para ir juntar-se aos demais, seu riso soava como o retinir de contas de jade. Em segundos readquiri o controle dos movimentos, mas toda idéia de matá-la se fora para sempre. Quem era eu para lutar com o Bodhisattva?

"Vê o senhor como é? Aquela era uma mulher imoral, cuja malícia chegava às raias da crueldade, o avesso dos devotos comuns de Kuan Yin. No entanto, escapara à morte graças apenas à convicção absoluta de que o Bodhisattva compassivo nutre o desejo de salvar todos os seres sencientes. Fosse a Segunda Mãe um demônio ou vampiro, não seria diferente: a compaixão de Kuan Yin chega até mesmo aos piores malfeitores, embora, é claro, ela não os ajude na perpetração de seus crimes. Sempre procura transformar o mal em bem. Eu, por exemplo, naquele mesmo dia retomei a recitação de seu santo nome e, de joelhos, agradeci-lhe por me poupar ao assassinato. E o que é mais, porém menos de esperar, a Segunda Mãe não voltou a tentar afastar Ying de mim e vez por outra chegou a tratá-la com ternura desinteressada. Talvez o Bodhisattva não se limitasse a salvar-lhe a vida, mas a afastasse também da senda da malícia e da maldade. Nunca consegui gostar daquela mulher, mas, pelo que sei, ela nunca mais cometeu abominações desde que sua vida foi poupada. A paixão de meu pai arrefeceu e chego a pensar que é porque ela agora é uma pessoa muito melhor que antes."

Um monge a quem, sem citar nomes, referi essa história, não mostrou surpresa:

— Sempre soubemos que Kuan Yin salva *todos* os tipos de seres — foi seu tranqüilo comentário.

Que a atitude moralmente neutra durante a recitação do santo nome não é condição aceita por todos na China, testifica-o o admirável comentário feito há pouco pelo Venerável Mestre Tripitaka Hsüan Hua ao expor o Sutra Dhāranī do Coração da Grande Compaixão, que introduz o *dhāranī* desse nome. O sutra começa com a enumeração dos nomes e títulos de uma grande assembléia dos discípulos do Buda, seres humanos e sobrenaturais, que se reúne na Montanha Potala. Desejando "pacificar e deleitar" a todos os seres, o Bodhisattva Kuan Yin emitiu raios dourados cujo brilho obscureceu o sol e a lua. Com o consentimento do Bem-aventurado, pôs-se a louvar os méritos do *dhāranī* ao debelar inumeráveis males, banir os medos e realizar todas as aspirações. Relatou como, muitos éons atrás, ela própria, ao receber o *dhāranī* do Tathagata-de-mil-raios-que-mora-na-serenidade (a Mente lúcida?), saltou imediatamente do primeiro ao oitavo estádio do progresso de um Bodhisattva e expressou o desejo santo: "Se, em futuro, eu obtiver o poder de beneficiar todos os seres, possa agora receber mil mãos e mil olhos", o que foi atendido de imediato. Declarou então à assembléia que aqueles que se mantivessem fiéis ao *dhāranī* passariam a nascer de um lótus (isto é, na Terra Pura), e não de um útero. Essa fidelidade, entretanto, implicava a declaração de dez aspirações, ou seja, que em curto espaço de tempo a criatura: aprenderia todos os ensinamentos do Buda; atingiria o olho da sabedoria; ajudaria todos os seres a atravessar o *samsara* em segurança; aperfeiçoaria todos os meios eficazes; embarcaria no navio da sabedoria suprema; escaparia à existência samsárica; realizaria a conduta perfeita, a concentração perfeita e o Caminho; subiria a montanha do Nirvana; livrar-se-ia das atividades condicionadas; e se uniria com o Dharma-Natureza-Corpo. Fez, pois, os seguintes votos perante o Buda:

"Ó Universalmente Reverenciado, se um ser qualquer recitar contrito o santo Dhāranī da Grande Compaixão, mas ainda assim descer a um dos três estados malignos de existência, juro que não entrarei na Suprema Iluminação.

"Se um ser qualquer recitar contrito o santo Dhāranī da Grande Compaixão, mas ainda assim não renascer numa terra búdica, juro que não entrarei na Suprema Iluminação.

"Se um ser qualquer recitar contrito o santo Dhāranī da Grande Compaixão, mas ainda assim não alcançar a eloqüência (nascida do) *samādhi* ilimitado, juro que não entrarei na Suprema Iluminação.

"Se um ser qualquer recitar contrito o santo Dhāranī da Grande Compaixão, e ainda assim não alcançar nesta vida a satisfação de todos os seus desejos, é porque não o recitou como deveria: terá de evitar a prática do mal e a insinceridade."

Tendo assim jurado, garantiu que, graças à fidelidade

ao *dhāranī*, pode-se evitar todas as formas de morte prematura e renascer em condições propícias à obtenção da sabedoria e de uma existência virtuosa, como também da Iluminação. Comunicou à assembléia as palavras do santo *dhāranī*, quando então a Terra sofreu seis convulsões, jóias floridas choveram, os Budas se rejubilaram e os demônios tremeram.

O resultado da recitação do *dhāranī*, prosseguiu ela, é um coração (ou *mente* — não há distinção em chinês) caracterizado por: ampla compaixão, ponderação, libertação da atividade incondicionada, desapego, capacidade de contemplar o Vazio, reverência, humildade, lucidez, ausência de visão dualística e plenitude de inexcedível Bodhi. Primeiro, no entanto, é preciso jurar libertar todos os seres sencientes, observar rigidamente os preceitos e abster-se de carne, pois só assim Kuan Yin dará sua proteção. O sutra fornece a seguir instruções para a utilização mântrica do *dhāranī* no combate a males específicos, na subjugação de espíritos, na cura de doenças, etc. Encerra-se com o Buda exaltando o *dhāranī* diante de uma assembléia entusiasmada.

A linguagem é bastante florida, mas o conteúdo, embora veicule os mais elevados ideais, pode dar ao leitor atual a impressão de fundar-se na magia — até ele perceber que, como os tantras sagrados e outros textos místicos, a matéria permite inúmeros níveis de interpretação. Eis aqui, mais ou menos, o comentário do Venerável Hsüan Hua: "Quem recitar o *dhāranī*, mas não for compassivo, *não* estará recitando o *dhāranī*; mas quem tiver o coração repleto de compaixão, *estará* recitando o *dhāranī* ainda que não profira as palavras!"

Objetar-se-á que semelhante interpretação é um contra-senso, pois parece que pessoas tão compassivas a ponto de recitar incessantemente o *dhāranī* no sentido exposto pelo Venerável Hsüan Hua nunca obtêm as vantagens prometidas pelo sutra. Será mesmo que não? No Sudeste Asiático, a certa altura do ano, milhares de monges budistas vão para os ermos das florestas ou das montanhas, mas nunca se soube que algum fosse mordido por serpentes ou devorado por feras. Benévolos para com todos os seres, habitam nas matas sem cuidar de perigos. Assim também o leigo por natureza incapaz de partidarismo político, religioso ou outro qualquer, pode viver sua vida sem ter nada a temer da intrujice dos agentes da CIA ou da crueldade dos déspotas que aprisionam e "liquidam" dissidentes em campos de concentração. Pelo menos nesse sentido, as portas das prisões se abrem e o cutelo do carrasco se parte em pedaços.

Capítulo 7

Meditação Contemplativa Iogue

Por isso deve a mente estar sempre fixa nela.
Sūtra do Lótus

Abrigado por uma montanha em forma de ferradura no coração da região frutífera de Chantung, existe um velho templo budista que eu gostava especialmente de visitar nos fins de semana. Chega-se a ele por um caminho pavimentado de pedras que serpenteia por entre milhares de árvores frutíferas, as quais, na primavera, cobrem-se de flores coloridas e, no outono, pendem ao peso dos pêssegos, ameixas e pêras *sha-li*. Atinge-se por fim a colina, que lembra centenas de pinturas chinesas, pois os olhos chineses deleitam-se na contemplação de rochas retorcidas e vêem nelas toda uma fauna de animais improváveis: aqui um casal de leões *shih-tzu* brincando, ali um tigre brincando amavelmente com uma tartaruga, mais além um belo *ch'i* encontrando sua *lin* — respectivamente, o macho e a fêmea dessa criatura extraordinária e nobremente ominosa que é o "unicórnio" chinês.

O templo, outrora patrocinado por imperadores, há muito estava em decadência e, em meados da década de 1930, não abrigava mais que um monge. Com cerca de cinqüenta anos de idade, toscamente trajado e de família camponesa local, poderia ser tomado por um zelador iletrado do templo, não fossem seus olhos, que revelavam coisa bem diferente. Eram tão apertados que as íris quase desapareciam, mas brilhavam com humor e inteligência; as pálpebras tinham uma qualidade elástica, pois de repente os olhos se arregalavam extraordinariamente, como os de um demônio. Acho que fazer essa expressão satânica divertia-o, além de dar força ao que ele estivesse comunicando. Da primeira vez que nos vimos, eu acabava de regressar do sul da China, trazendo sem resposta minhas perguntas sobre a verdadeira natureza de Kuan Yin. Uma noite, após uma refeição de legumes cozidos, sopa de painço e arroz integral, falei de meu afeto por esse Bodhisattva e de como me fazia bem participar de seus rituais, embora não soubesse ao certo por quê.

— Rituais! — exclamou ele, sorrindo como de uma piada secreta. Recitação do Sutra do Lótus? O Dhāranī da Grande Compaixão? Invocação do nome sagrado? Muito bom, muito bom, se você tiver tempo ou estiver suficientemente envolvido com o mundo perecível para levar as coisas a sério. Mas caso sua afinidade com o Bodhisattva seja fruto de vidas anteriores, poderá fazer melhor que isso — a menos que conheça seu *verdadeiro* significado e o modo de tornar esses atos eficazes, o que, obviamente, é outra questão. Entrementes, se desejar conhecer o Bodhisattva, medite! Sem meditação, estudar as lições de Buda é como aprender a esgrimir sem sequer um bastão na mão, dominar a arte do arco sem ter uma única seta no carcás!

— Mas eu medito! — repliquei indignado, jovem demais que era para tolerar qualquer crítica àquilo que supunha ser meu indiscutível progresso, em especial quando alguém fazia insinuações quanto à minha qualidade de demônio estrangeiro, neófito em semelhantes assuntos.

— Ah, *sim*! — sussurrou ele, fingindo estar muito impressionado. — Permita que este monge humilde lhe pergunte, senhor, como se faz isso. Sou todo ouvidos.

— Vossa Reverência! — protestei, tocado pela finura de sua ironia, mas sem deixar de contar com alguma satisfação o modo pelo qual andara praticando e pondo de parte um determinado método de meditação, para depois aprender de uma monja outro que me parecera mais adequado.

Ele ouvia, com expressão divertida e os olhos fixos no meu rosto, como se pudesse ler o que estava por trás deles, as órbitas cintilando à luz da lamparina de mesa. Suas maneiras me impacientavam e, no silêncio que se seguiu, aguardei inquieto os comentários. A resposta, quando veio, foi tão curta e indiferente quanto abrupta.

— Sete partes boas! — exclamou ele com olhos fuzilantes e redondos como os de um demônio pondo a língua de fora. ("Sete partes em oito" é a versão chinesa para "dez nove fora".)

Fiquei ruminando aquilo quando, de repente, ele ergueu o dedo em riste como se apontasse uma espada para meu rosto.

— Só a oitava parte conta! — esbravejou, pondo-se em seguida a rir com todo o gosto.

Percebendo que eu ficara ofendido, acrescentou com mais cortesia:

— Meu bom amigo, não se aborreça com este chato ignorante que lhe fala. Mas é que, como pode ver, sete partes são o mesmo que nenhuma.

E, relanceando os olhos para o bule de chá sobre o fogão, continuou:

— Aquela água terá sete partes aquecidas, mas até ferver, que tipo de chá você conseguiria obter dela? Você medita zelosamente, devotamente, estou certo disso, mas será que Kuan Yin confirmou seu sucesso?

— O senhor quer dizer que eu deveria... hum... esperar uma visão?

— *P'ei!* — bradou ele — em que isso lhe seria útil? Você sabe acaso o que ela é?

— É exatamente o que desejo saber — respondi tristemente. — E...

— ...espera que eu lhe diga —, cortou ele jovialmente. — como se a linguagem humana fosse *deva*. Bem, vou lhe dizer *como*. Tudo o que tem a fazer é cruzar o amargo oceano do *samsara* de um salto, como o Macaco certa vez saltou do dedo do Buda, e ir visitar sua mente original. Agora já sabe *como*. Em relação a *onde* as coisas já se complicam, pois a mente está e não está em todos os lugares. Faça com que o mar revolto dos pensamentos se aplaque. Quando sua mente brilhar como o sol sobre a imensidão do vazio, o Bodhisattva aparecerá. *Você* deverá realizar a oitava parte, mas não se esqueça de mostrar gratidão ao papaizinho aqui por aconselhá-lo a jogar fora as outras sete. E como foi a sua caminhada esta manhã? Subiu acima da neblina?

Esta súbita mudança de assunto significava que eu não iria tirar mais nada dele. Mas fizera muito: estava a ponto de livrar-me da complacência quanto ao meu "progresso" na meditação. Até que a água de meu bule fervesse, teria de permanecer fria; para ferver, teria de aquecer-se gradualmente. Ou não? Quem poderia entender isso? Os budistas da seita Ch'an (Zen) tinham falado sobre o problema durante mais de mil anos, sem chegar a um acordo.

O mais interessante de nosso colóquio naquela noite foi que ali estava um monge obviamente versado no Ch'an, o qual, em vez de repelir a abordagem da Terra Pura, via as duas coisas como uma. Sua observação sobre a necessidade de conhecer o *verdadeiro* significado dos rituais da Terra Pura revelava a crença de que podiam ser plenamente eficazes quando compreendidos e executados da maneira correta. Por toda a China encontrei essa mesma visão, segundo a qual qualquer seita ou método é um meio válido de alcançar a verdade. Se este livro tem alguma mensagem para os budistas ocidentais, ei-la: *"Não caiam na armadilha de fazer distinções que só têm significado num nível muito superficial. Ch'an, Ter-*

ra Pura e Vajrayana não são três caminhos para o mesmo destino, mas três portões para o mesmo caminho — ou, mesmo, um único portão visto sob diversos prismas."

À noite, na cama, picado pelas pontas de grama fresca com que o travesseiro e o acolchoado tinham sido apressadamente forrados quando de minha chegada, mas apreciando-lhes a fragrância, passei em revista os progressos que fizera. No sul da China, tentara um dos métodos de meditação apresentados no Sutra Amitayus, abandonando-o logo por considerá-lo além de minha capacidade (ou porque, não havendo tido a oportunidade de sentar-me aos pés de um Mestre da Seita da Terra Pura, não sabia como utilizá-lo corretamente).

Nesse sutra, Kuan Yin aparece como um dos Três Bem-aventurados que constituem o objeto da oitava contemplação ali considerada. É preciso visualizar três lótus gigantes, sobre os quais se ergue uma imagem de Amitayus (uma das formas do Amitābha Buda, flanqueada por Kuan Yin e Ta Shih Chih (Mahāsthāmaprāpta); os raios dourados emitidos por seus corpos iluminam uma profusão de árvores recamadas, e aos pés dessas árvores surgem imagens idênticas, inumeráveis, dos três seres. Essa proeza de meditação nada é diante do que se segue nas outras contemplações. Na décima, inteiramente dirigida a Kuan Yin, cumpre visualizar-lhe o corpo dourado alcançando uma altura de oitocentos bilhões de *yojanas*, ou, segundo algumas interpretações, de oitocentos trilhões! (Informa-nos o sr. Charles Luk que uma *yojana* equivale a um dia de marcha de um exército, mas, ainda que não passasse de alguns centímetros, a altura total ultrapassaria em muito a concepção humana.) Na auréola do Bodhisattva, devem ser vistos quinhentos Budas na forma Nirmānakāya, *cada qual* seguido de seiscentos outros na forma Sambhogakāya e um número incalculável de *devas*. Entre as sobrancelhas do Bodhisattva há um cacho de sete cores, emitindo raios de oitenta a quatro mil matizes, em cada um dos quais aparecem incontáveis Budas Nirmānakāya, rodeados cada qual de outros tantos Budas Sambhogakāya! A ponta dos dedos do Bodhisattva tem oitenta e quatro mil linhas bem distintas — e assim por diante! A magnitude de tudo isso é desalentadora. Claro que muitas pessoas conseguem chegar a essa visualização, e pode ser que, devidamente instruído na época, ela não me assustasse tanto. Hoje sei que as figuras não precisam ser tomadas literalmente, sendo o seu propósito exatamente o do Ch'an (Zen) com seus *koans*, a saber, dilatar a mente para além do ponto de ruptura a fim de que a consciência "ordinária" dê lugar a uma consciência extraordinária. Infelizmente, esse conhecimento me veio tarde, de modo que nunca pude fazer um estudo adequado da técnica ou saber de um Mestre Tripitaka competente o que de fato se espera do adepto. Na época, concluí sem hesitação que o método não se adequava a mim e tratei de procurar outros mais simples.

Um dia, em visita a Cantão, tive a oportunidade de conversar com uma velha monja que passara algum tempo numa cela escura do mosteiro Ta Fu Szû, que, por alguma razão, já não funcionava. Minha conversa, temperada talvez com certa leviandade, sobre a inutilidade de tentar lidar com tão vastos números valeu-me um olhar severo; mas, senhora gentilíssima que era, passou-me uma xícara de chá e disse com mansidão:

— Nada sei a esse respeito, senhor. O sutra coloca as coisas assim, portanto esteja certo de que deve fazer sentido. Ajo de outra maneira porque, velha e ignorante, não posso fazer melhor. Mas o senhor não precisa quebrar a cabeça com os métodos utilizados por uma velha imprestável como eu.

— Errado, tia. Estou ansioso para saber o que a senhora faz. Amigos me disseram que era devota de Kuan Yin e vim aqui especialmente para aprender com a senhora.

Os olhos lacrimosos me sondaram para saber se eu não estava zombando dela. Tão humilde quanto idosa, era uma camponesa que não costumava ser procurada por gente culta, quanto mais por demônios estrangeiros como eu.

Satisfeita com o exame, observou:

— Como quiser, senhor, embora eu não atine com os motivos que levaram seus amigos a recomendar-me. Temo que fique desapontado. Oh, pegue este leque! O chá fê-lo transpirar. Abanar-se ajuda também a espantar os mosquitos. Já viu tantos assim? Cantão está cheia de gente ambiciosa e por isso há essa chusma de mosquitos por aqui, penso eu. Como sabe, os ambiciosos reencarnam, como punição. Os mosquitos quase nunca acham o que comer e, quando deparam com boa comida, empanturram-se. Mas o que eu ia dizer mesmo? Ah, sim, meditação...

Gárrula como tantas pessoas idosas, pôs-se a falar de sua juventude, mencionou o nome e a aparência de seu vilarejo natal, a quantidade e as características de seus irmãos e irmãs e muitas outras coisas, enquanto eu travava uma batalha perdida com as encarnações aladas dos espíritos ambiciosos. Mas aos poucos meu interesse foi despertando. Quando garota, ela se casara, mas o rapaz morrera numa rixa local e ela fora para Cantão a fim de trabalhar como criada. Nada de mais lhe acontecera até passar dos cinqüenta anos, quando a patroa, acusando-a do sumiço de um bracelete de jade, deu-lhe uma sova e pô-la portas afora. Depois disso Ah Cheng, como era chamada, vagueou em busca de trabalho, mas bem longe de Cantão, para que a acusação de roubo não a prejudicasse. Uma noite, buscara abrigo num templo dedicado a Kuan Yin, onde residiam duas monjas. Altas horas, ela deslizou para o santuário e dirigiu ao Bodhisattva uma prece em que o desespero se mesclava à astúcia camponesa:

— Santa Kuan Yin, estou perdida. Sem dinheiro para o barco amanhã, sem forças para caminhar até a próxima cidade, sem recursos para permanecer aqui. Nada. As pessoas dizem que a senhora ajuda. Não estou certa de acreditar nelas, por isso mostre-me que é verdade!

Enquanto ela ganhava o almoço, no dia seguinte, varrendo o pátio e fazendo outras tarefas semelhantes, um mercador iracundo apareceu correndo, gritando para ninguém em especial:

— Aqueles biltres se foram sem mim! Suas mães... Agora, quem vai cuidar da menina? Vou deixá-la aqui se alguma de vocês puder tomar conta dela até que eu volte. Ei, saias pretas, então, o que dizem?

Houve uma grande confusão. Aquele homem desbocado, mas não perverso, arrastara-se com seus fardos de roupas e uma sobrinha de dois anos de idade umas cem *li* rio acima. Ah Cheng dispôs-se a ir com ele e cuidar da menina, satisfazendo-o a tal ponto que ficou a seu serviço, como babá, até a morte do homem, poucos anos depois. Durante todo esse tempo, foi tratada como ser humano e generosamente paga! Jamais duvidou de que tudo aquilo fosse obra de Kuan Yin, nem deixou de reverenciar o Bodhisattva diariamente, de manhã e à tarde.

"A princípio, senhor, apenas recitava Seu nome. Mas não era o bastante. Eu queria *vê-la*. Perguntei, pois, no templo de K'ai Ping, como isso poderia ser feito. Um monge local ensinou-me um excelente método. Você se senta no cume de um monte ou qualquer outro lugar suficientemente alto para não ver nada além do céu. Uma parede branca também serve. Com a mente, torna todas as coisas vazias. Não há nada ali, diz o senhor, e é isso mesmo — nada, o vazio. Depois, nota que *há* alguma coisa: o mar, a lua cheia que sobe, redonda, branca. E é isso mesmo — o mar, a lua prateada, as ondas esbranquiçadas. Do azul-escuro pende uma lua enorme — brilhante, mas não ofuscante —, de uma luminosidade branda, pode-se dizer. O senhor observa a lua por muito tempo, sentindo-se tranqüilo e feliz. Então a lua vai diminuindo, mas ficando cada vez mais brilhante, até parecer uma pérola ou uma semente tão luminosa que o senhor mal pode fixá-la. A pérola começa a crescer e, antes que o senhor saiba o que aconteceu, pronto!, lá está a própria Kuan Yin esbatida contra o firmamento, toda vestida de branco e com os pés pousados num lótus que flutua sobre as ondas. O senhor A vê, desde que saiba como fazê-lo, tão claramente quanto eu vejo o senhor sentado aí, diante da janela — nítida, pois Sua face não está na sombra, Suas roupas brilham e há uma auréola em torno de Sua cabeça, além de uma auréola maior, oval, projetada por Seu corpo. Ela sorri para o senhor, um sorriso encantador. Está tão contente por vê-lo que as lágrimas brotam de Seus olhos. Se o senhor conservar a mente calma, sem se esforçar demasiado e apenas pronunciando-Lhe o nome, ela ficará ali por muito, muito tempo. Ao ir embora, diminui; não volta a ser uma pérola, mas torna-se tão pequena que ao fim já não se pode vê-La. Então o senhor percebe que também o céu e o mar se desvaneceram. Só ficou o espaço — o maravilhoso espaço, o espaço eterno. Ele permanece enquanto o senhor não permanecer — isto é, não o senhor *e* o espaço, apenas o espaço, *sem* o senhor."

Os olhos dela se cerraram; sem dúvida, estava realmente vendo o que descrevia. Essa foi uma das experiências mais comoventes de minha vida. Vendo-a recostada na cadeira, olhos ainda fechados, decidi que por nada no mundo deveria perturbá-la; assim, deixando algum dinheiro "para o incenso" sobre a mesinha, deslizei silenciosamente para fora.

Suponho que se possa registrar as instruções sobre como promover essa simples e encantadora contemplação de Kuan Yin na forma usada nos manuais de meditação; isso, entretanto, em nada melhoraria a vívida descrição da velha monja. Trata-se da forma de meditação a que mais recorri, embora duvide que a tenha executado tão bem quanto ela. Após uns quarenta anos de prática, não me ocorre uma única palavra capaz de aumentar a excelência de sua maneira de fazê-lo.

Há inúmeras contemplações similares a essa. No Japão, por exemplo, alguns adeptos Shingon visualizam uma lua subindo do oceano quase da mesma forma que a descrita pela monja, na qual, de repente, aparece a sílaba sânscrita HRI — o *bījamantra* de Kuan Yin. Desse HRI emerge então o Bodhisattva, e o resto da meditação se processa em linhas semelhantes à descrita. Por certo a parte principal — como nas meditações Tara tibetanas — é a consecução de um estado de vazio onde o adepto e o vazio se tornam uma só coisa indistinta; graças a isso, o adepto transcende o plano da verdade relativa e alcança a percepção do aspecto absoluto da verdade: o Grande Vazio. Toda vez que se consegue isso, mais um golpe é vibrado contra a ilusão persistente da posse de um eu. Quanto mais tempo ele permanecer no estado de não-eu, mais sólida se tornará sua percepção do vazio intrínseco do eu. Com o tempo, o reconhecimento da natureza ilusória do eu passa a ocorrer nos estados normais de consciência; assim, até mesmo quando empenhado em seus afazeres diários, ele retém esse reconhecimento nas profundezas de sua mente. Tal circunstância, é claro, tem poderosa influência em sua conduta; quem quer que trabalhe com pleno conhecimento da vacuidade do eu provavelmente realiza suas tarefas com perfeição, executando-as por elas mesmas e sem cuidar de proveitos pessoais. Além disso, agir na pressuposição da inexistência do eu é agir compassivamente — e compaixão é o que o conceito de Kuan Yin corporifica. Segue-se que Kuan Yin, em que pese à sua semelhança superficial com as deusas de outras religiões e com a Virgem Maria, não deve ser concebida como uma mãe ou soberana, mas como a personificação de uma força benéfica que emana da mente. Entendido isso, a questão crucial do budismo da Terra Pura é esclarecida, desvanecendo-se então qualquer desconfiança que se possa ter nutrido a respeito. A suposição de que, para empregar as palavras de um escritor ocidental, isso é "a própria antítese do budismo tal qual ele é ordinariamente concebido" cai por terra.

Disse um Mestre Tripitaka iconoclasta que conheci mais tarde, durante um sermão, quando de minha visita a Soochow: "Bodhisattvas celestes? Quem são e onde estão? Não espere achá-los entre os seres dos seis estados de existência (deuses, *asuras*, seres humanos, animais, *pretas* e habitantes do inferno), nem nas três esferas (do desejo, da forma e da não-forma), nem entre os dezoito *Brahmalokas* (céus), nem em parte alguma, a não ser na sua própria mente. Para descobri-los, tranqüilize a mente. Na serenidade não existem partículas do eu e do outro. Ali, reconhecerá a encarnação da sabedoria (*Manjusri*) como *Samantabhadra* (ação), e *Samantabhadra* como Kuan Yin!"

Graças ao método da monja cantonesa, fiz progressos na meditação que me pareceram suficientes até minha complacência ser abalada pelo monge de Chantung. Anos depois, em viagem às regiões fronteiriças indo-tibetanas, soube finalmente de um método de contemplação iogue que me fez exultar, pois prometia notável progresso. Tratava-se de um método do Caminho Curto, para se obter a Iluminação ainda nesta vida. Eu renunciara já à esperança de uma clara exposição da verdadeira natureza de Kuan Yin. Não significava muito o fato de os lamas tibetanos ignorarem-na por esse nome, porquanto eu sabia que ela era um aspecto de Avalokita ou Tara, a respeito de quem eles tinham bastante a ensinar. O problema era que, como os monges chineses que questionei tão insistentemente eles falavam dos Bodhisattvas celestes ora como dotados de existência independente, ora como criações de nossas próprias mentes. Creio que essa diferença, tão notória para os ocidentais, nem chega a ser cogitada por aqueles santos homens cujas meditações os dotaram de um modo muito diverso de pensar, levando-os a compreender verdades sutis inacessíveis aos espíritos comuns e não-versados.

Por solicitação especial, recebi Tara — que é também Kuan Yin — como minha *idam*. Daí por diante, aprendi a fixar minha meditação nela, procurando vê-la não apenas como projeção de minha mente mas também como um ser em que eu mesmo poderia me transformar por meio da união iogue com ela. Com esse tipo de meditação, não se perde tempo indagando sobre a real natureza do ser invocado, que pode ser visualizado no início do modo que se queira: como uma deusa, por exemplo. A essência da prática não é conhecer esse ser, mas *tornar-se* esse ser; depois da mistura de identidades, todo questionamento, obviamente, cessará; portanto não haverá lugar para ele.

É difícil dizer como e por que esse método particular de meditação iogue se mostra tão eficaz. Ele deve ser acompanhado por grandes mudanças na atitude mental geral da pessoa e em sua vida interior. Por outro lado, as técnicas eficazes utilizadas na ioga podem facilmente ser invocadas, caso se esteja autorizado a ensiná-las. O que me considero capaz de afirmar sobre o assunto já apareceu em outros livros; mas, por sorte, entrei na posse de um texto iogue chinês pertinente à própria Kuan Yin, embora ache que, no passado, foi uma contemplação de Tara e que, tomado de uma fonte tibetana, recebeu posterior adaptação a Kuan Yin para uso de seus devotos chineses. Vale a pena referi-lo, ainda que apenas como curiosidade literária, pois textos assim, referentes a Kuan Yin, são muito raros. Infelizmente, ele foi bastante simplificado, sendo mesmo o *sadhana* tântrico mais simples que já vi; mas isso não o desautoriza como ilustração do tipo de métodos iogues usados na prática Vajrayana. Conhecido como "Três Visualizações de Kuan Yin em Uma", foi traduzido do tibetano para o chinês pelo Venerável Sacerdote Jên Wên, do Mosteiro de Amrta (Orvalho Doce), em Bangcoc. O que se segue é a versão em vernáculo:

TRÊS VISUALIZAÇÕES DE KUAN YIN EM UMA

Preliminares

Depois de purificar o corpo e a mente, segure um bastão de incenso com a mão esquerda; forme com os dedos da direita um círculo, encostando-os ponta com ponta. Visualize, no ponto de junção, um OM branco, que de repente se transforma num botão de lótus com o qual se traçam as sílabas OṀ AH HŪM na ponta do bastão de incenso, fazendo com que a fumaça se espalhe e forme uma grande expansão de pureza. A seguir, levantando o bastão com ambas as mãos até a altura da fronte, repita mentalmente as seguintes palavras: "Que essas nuvens de perfume sejam uma oferenda à Tríplice Jóia, aos Budas, Bodhisattvas e Gurus das Três Direções e dos Três Tempos!" Colocando o bastão no incensório com a mão esquerda, execute quatro prosternações, primeiro ao Guru Vajra, depois ao Buda, em seguida ao Dharma e finalmente a Sangha.

Primeira Visualização

Sente-se diante de uma estátua de Buda, preferencialmente na postura do lótus, mas, se não for possível, em qualquer outra que seja confortável, para que o ritual seja executado tranqüilamente, com o espírito puro e sereno. No alto de sua cabeça aparece um OṀ branco; na região da garganta, um AH vermelho; perto do coração, um HŪṀ azul; essas sílabas emitem raios das três cores em todas as direções. Assim, o carma negativo gerado pelo eu e pelos outros desde tempos imemoriais é expelido sob a forma de um líquido negro que encharca o chão até não restar mais nenhuma gota. Dessa forma, seu corpo, fala e mente se transformam em Corpo, Fala e Mente de Kuan Yin, toda ela amabilidade e inesgotável compaixão. Formando o *mudra* do lótus (mãos à altura do peito, dedos se tocando pelas pontas, mas com as palmas bastante afastadas para lembrar as duas metades de um lótus < >), visualize o mantra OṀ MANI PADME HŪṀ e faça com que a mente passe de uma sílaba a outra, assim:

	HŪṀ	
	alto da	
	cabeça	
esquerda	NI	direita
MA	garganta	PAD
ombro	OM	ombro
	coração	
	ME	
	umbigo	

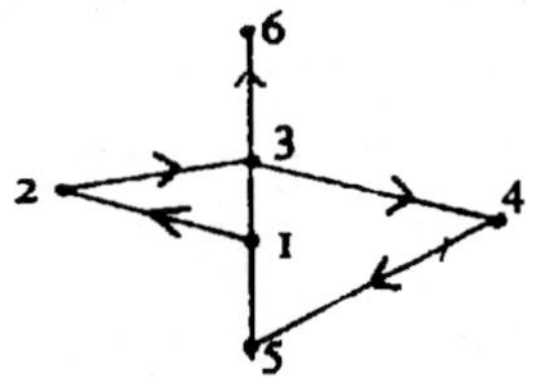

(Visão por trás)

Agora reagrupe as sílabas mentalmente e faça com que a mente vá de uma a outra, assim:

	OM	
	alto da	
	cabeça	
esquerda	MA	direita
ME	garganta	NI
ombro	HŪṀ	ombro
	coração	
	PAD	
	umbigo	

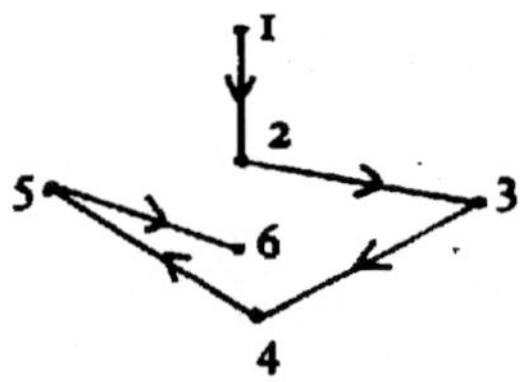

(Visão por trás)

Quanto mais as visualizações desses reagrupamentos forem repetidas, melhores serão os resultados.

Segunda Visualização

Visualize dentro de seu peito um disco lunar, brilhante e puro interior e exteriormente. Suspenso no vazio diante de você aparece um disco lunar cor-de-rosa ostentando a sílaba TAM, tão luminoso que clareia todo o reino da forma. De súbito, essa sílaba se transforma numa imagem de Kuan Yin, branca, com uma cabeça e dois braços; sobre a cabeça dela está uma coroa de lótus de cinco pétalas na qual se podem ver as figuras dos cinco Budas celestes. Tem as pernas dobradas na posição do lótus, pérolas adornam-lhe os pulsos e os tornozelos. Três colares de jóias circundam-lhe o pescoço. Em cima da coroa, um OM branco; na garganta, um AH vermelho; perto do peito, um HŪM azul; raios das três cores incidem sobre você. Esses raios, mesclando-se aos emitidos pelo OṀ AH HŪṀ de seu próprio corpo, penetram em sua cabeça por uma fenda situada no alto do crânio, que se abre para recebê-los. Agora, a figura de Kuan Yin, suspensa no espaço diante de você, começa a contrair-se; tornando-se bem pequena, segue os raios que entram pela abertura do crânio e mistura-se à sua pessoa até que ambos se tornem unos e indivisíveis.

Em seguida, com as pontas do polegar e do anular da mão direita em conjunto, trace as sílabas OṀ AH HŪṀ sobre a mão esquerda. Crie mentalmente uma pérola e, com a mão esquerda, trace as mesmas sílabas sobre a sua superfície, contemplando simultaneamente as sílabas com a sua mente e pronunciando-as com os lábios. Depois visualize a si mesmo segurando a pérola bem junto ao peito com os polegares e os indicadores de ambas as mãos. Assim fazendo, recite suavemente o mantra OṀ MANI PADME HŪṀ (várias vezes).

Terceira Visualização

Visualize a sílaba OṀ flamejando sobre o alto de sua cabeça, emitindo raios brancos e iluminando todos os seres sencientes nos seis estados de existência, de modo que seus erros de corpo, fala e mente sejam purificados. Luzindo na região de seu coração há um HUṀ cujos raios enchem toda a Terra, trazendo conforto a todos os seres sencientes. Dentro do círculo de luz que ele esparge, os raios devem ser vistos como Terras Puras que você procura visualizar. Então os raios brancos e azuis penetram no alto de sua cabeça e permeiam a região inferior de seu corpo. Usando o mesmo mudra, como anteriormente, recite OṀ MANI PADME HUṀ continuamente. Isto feito, levante-se e faça três vênias, cantando a cada vez: "Salve o Bodhisattva Kuan Shin Yin!" Finalmente, faça mais três vênias, cantando: "Salve a Jóia Tríplice, salve os Eternos Budas, Dharma e Sanghas das Dez Direções!"

Cólofon

O mérito de executar este rito promove a transformação dos seres sencientes em toda parte. Ele oblitera os sofrimentos dos Três Estados (inferiores) de Existência e assegura uma rápida realização da iluminação Inexcedível. (Fim do rito)

As instruções acima não são de modo algum tão arbitrárias como podem parecer. O OṀ branco, o AH vermelho e o HUṀ azul no alto da cabeça, na garganta e no coração são amplamente encontrados nessas iogas, pois a tais sons e cores se atribuem correspondências vitais com os centros físicos dessas três partes do corpo. O mantra de Kuan Yin ou Avalokita OṀ MANI PADME HUṀ é, evidentemente, o mais conhecido de todos os mantras; e as instruções para a execução do *sadhana*, conquanto muito mais simples do que as de *sadhanas* similares, seguem um padrão semelhante.

Não se pode nuns poucos parágrafos abordar devidamente o tema dos mantras. Basta, pois, dizer que eles são um suporte essencial para as visualizações pelas quais os adeptos entram em comunicação direta com as forças incorporadas em conceitos como o de Kuan Yin; e que os *sadhanas* que os contêm estão entre os mais eficazes métodos iogues conhecidos. Embora a descrição por escrito de um *sadhana* possa fazê-lo parecer uma simples charada mental, ele envolve correspondências maravilhosas entre os reinos da forma e do Vazio.

A recitação do nome sagrado, prática que descrevi em conexão com os ritos, é na verdade outra forma ou equivalente da meditação contemplativa e constitui a maneira mais fácil de atingir a acuidade mental. Alguns devotos conseguem manter a fórmula sagrada revolvendo-a na mente dia e noite, de sorte que ela perdura mesmo quando, em outro nível de consciência, eles estão empenhados numa conversa ou tratando de negócios da vida diária. Quando se tenta fazer isso, o primeiro resultado é provavelmente que a repetição se torne mecânica ou que a atenção aos negócios se faça por demais perfunctória, mas isso pode ser superado com a prática, especialmente quando se ganha a vida de um modo que não exige grande concentração ou muito pensamento discursivo. No devido tempo a fórmula sagrada continuará a revolver-se na mente mesmo quando a pessoa está dormindo ou sonhando. Em momentos de perigo iminente, a mente permanece calma; nenhuma ameaça à vida ou membro pode causar uma ruptura na cadeia de recitação.

Um amigo meu teve certa vez a ousadia de dizer a um Mestre Tripitaka da Seita da Terra Pura que, em sua opinião, a recitação do nome sagrado é uma prática demasiado mecânica para ser espiritualmente eficaz.

— Mecânica! — exclamou o Mestre, imensamente surpreso. — Como mecânica?

E, fitando o meu amigo como se estivesse se perguntando se não estaria tratando com um lunático, continuou:

— Recitar o nome sagrado resulta suave e facilmente naquela agudeza mental que é o estado tão arduamente buscado pelos meditadores pertencentes às oito escolas do budismo, para não falar dos taoístas, dos hindus e de outros, além do Dharma. Ao atingir a agudeza mental, você haverá, mais cedo ou mais tarde, segundo sua própria capacidade, de ver o seu Buda ou Bodhisattva bem à sua frente — um ser vivo, em trajes esvoaçantes, o peito arfando com o sopro da vida; ou, se não é isso o que está procurando, você entrará no estado não-dual e descobrirá que, aqui neste mundo da forma, alcançou o grande Vazio. Conhecerá então as formas tangíveis pelo que elas são — bolhas, miragens, sonhos. Assim como você agora não é iludido por aquelas montanhas nevadas suspensas no céu, pois sabe que não passam de nuvens, assim reconhecerá cada objeto como uma *não-coisa*, não irreal, mas mutável, transitória, desprovida de um ser próprio.

— Excelente, Venerável. Mas que acontecerá se eu contemplar o Bodhisattva diante de mim, com as vestes flutuando na brisa? Por belo e satisfatório que isso possa ser, não seria apenas mais uma aparência ilusória?

O Mestre Tripitaka, tomado por um acesso de riso, recobrou um pouco de sua gravidade e disse enfaticamente:

— Para algumas pessoas, presas como moscas na teia do intelecto, a experiência deve ser especialmente edificante. Ao contemplar sua própria forma-pensamento rindo de seu próprio assombro, você decerto refletiria: "Visto que com minha própria mente sou capaz de criar uma linda mulher, haverá alguma coisa que a mente não crie, incluindo este céu, esta colina, este mar?" Você deixará de duvidar do que está dito nos sutras acerca da natureza deste mundo. Correrá até a biblioteca, se tiver uma, e folheará os sutras até descortinar a sabedoria que ali reside, pois seus olhos já não estarão toldados pelas nuvens do vapor intelectual. Desse dia em diante, seus estudos serão frutuosos!

Meu amigo ficou impressionado; mas, desejoso de aprender um pouco mais com aquele monge tão franco, disse:

— Vossa Reverência está querendo dizer que as pessoas que se privaram da educação vêem mais claramente do que as outras?

— A maior parte delas verá o Bodhisattva como uma divindade que condescendeu em recompensá-las por suas piedosas recitações. Jubilosas, elas doravante passarão a recitar com redobrado fervor e com toda a certeza haverão de renascer numa Terra Pura.

A última frase deixou meu amigo perplexo, fazendo-o perguntar-se se aquele monge era mesmo tão sábio quanto ele pensara. Porque, como me disse depois, ele supunha que as Terras Puras fossem penduradas como cenouras diante das pessoas com insuficiente capacidade intelectual para imaginar um estado menos materialista. Nesse ponto, porém, as perguntas produziram respostas tão evasivas que o meu amigo ficou desapontado, imaginando ter confundido o monge. Pessoalmente, creio que o monge, demasiado consciente do mal causado pelas definições que aviltam e aniquilam os tipos de conceitos mais sutis, estava simplesmente seguindo a prática normal em tais ocasiões, que consiste em desestimular as perguntas sobre aquilo que só pode ser adequadamente compreendido quando se alcança a percepção direta. Nisso reside, tenho certeza, a razão da dificuldade que tive em encontrar qualquer monge erudito que se expressasse francamente sobre a questão da verdadeira natureza dos Bodhisattvas e o real sentido do termo "Terra Pura". Devemos experimentar a ambos, em vez de falar a seu respeito. Quando as palavras geram confusão, o melhor é calar.

Quão plenamente a invocação do nome sagrado toma o lugar da meditação contemplativa praticada por outras seitas pode ser visto no fato de que, assim como os monges Ch'an (Zen) se dedicam a sessões de meditação ininterrupta que duram sete, vinte e um ou quarenta e nove dias, assim os devotos da Terra Pura empreendem uma meditação intensiva durante períodos de igual extensão. Muitas vezes se usa a sala de meditação ou de recitação de um mosteiro. Tão rigorosas são as regras que, durante uma sessão, apenas três horas por dia são consagradas ao sonho! Reservando um total de três a quatro horas para breves rituais, três refeições simples, abluções e períodos de descanso, o tempo despendido na recitação formal é de dezessete a dezoito horas por dia; e, como não é permitido conversar às refeições ou durante os períodos de repouso, é provável que essa recitação informal ocupe a maior parte do tempo reservado para a alimentação e o descanso. Assim, na verdade, a invocação continua durante vinte horas por dia. Vastas acumulações de pensamentos autocentrados, preocupações triviais e ansiedades reais são obliteradas. Livre desse fardo, a mente torna-se clara e límpida como um espelho cuja névoa e poeira foram cuidadosamente esfregados. Não admira que tais sessões sejam eficazes para promover a visão da verdadeira face da realidade — a Mente!

Capítulo 8

Sonhos, Devaneios e Especulações

Dotada de poderes sobrenaturais
E sábia no uso de meios eficazes,
Em todos os cantos do mundo
Ela manifesta suas formas inumeráveis.
Sūtra do Lótus

Quase quatro décadas se passaram depois da noite da festa de Kuan Yin, quando tive um súbito reconhecimento de algo adorado e perdido, reminiscência talvez de uma vida anterior. Eu nada ganharia revisitando a montanha sagrada, ainda que tivesse oportunidade para tal. Já não ecoam no ar os solenes rumores da invocação mântrica e as notas persistentes dos tambores; só a visão imemorial do vento nos bambus, os gritos plangentes das gaivotas vindas do Oceano Oriental e, quem sabe, o riso dos trabalhadores de folga de alguma comuna vizinha. Que resultou da minha preocupação com o Bodhisattva Kuan Yin ao longo dos anos? Escusado escrever sobre o quanto me encantou a arte com que sua figura foi retratada, seja pintada em papéis de parede, seja em leques, entalhada em jade ou marfim, esculpida em madeiras preciosas, talhada em bronze ou moldada em brilhante porcelana; se eu expressasse esse entusiasmo, o riso de Kuan Yin se faria ouvir. "Certamente você sabe que um pequeno gesto de bondade é uma oferenda mais aceitável para mim do que uma estátua em tamanho natural esculpida em puro jade por um mestre escultor. Você não tem mais nada a dizer?"

Poderia dizer que me tornei um pouco mais amável com os anos, mas então isso é verdade para tantas outras pessoas da minha idade e bem pode resultar de uma diminuição da chama do auto-amor por falta de combustível, da preguiçosa tolerância de um homem confortavelmente provecto que se recusa a deixar que as coisas o aborreçam. Ou então alegar que Kuan Yin, em sua forma de Tara, foi o veículo de minhas contemplações lógicas, que visualizei a luz a partir de sua imagem mentalmente criada que me inundava o ser, que o seu mantra está freqüentemente nos meus lábios — mas será que ela não responderia: "E daí? Nos universos, incontáveis como os grãos de areia do Ganges, existem deuses e deusas que ouviram as vozes de seus devotos com mais freqüência. Assim foi no seu mundo com Ísis, Ártemis e Afrodite; assim é agora com aquela Maria que é adorada em muitos climas como Rainha do Céu, assim também com Kali, que ainda se regozija com o sangue das vítimas sacrificiais, e com tantas outras".

"Sim, Santíssima, mas imagino que os devotos delas as degradam ao insistir em que a adoração é exclusiva dos adoradores e, portanto, finita. Sim, Santíssima, aprendi que és infinita, que tu e eu somos um e que, como todo ser senciente, compartilho tua própria divindade. Bem sei que o dualismo que separa os homens de seus deuses é uma ilusão nascida das névoas da ilusão primordial".

Será que ela não riria dessas pomposas afirmações de alguém ainda tão afligido por um ilusório sentimento de alteridade em relação a tudo o que se encontra fora da própria pele? "Meu caro, como você joga com as palavras! Sua língua, comprida e enrodilhada como uma serpente marinha, está sempre aí para estorvá-lo. Não acha isso cansativo?"

Numa conversa real com Kuan Yin, eu deveria ser tristemente vencido. Mesmo supondo-se que tenha vislumbrado, graças aos meus mestres, uma diminuta faceta da verdade, existem mais ciladas envolvidas em sua verbalização do que buracos numa rede de pescador. O silêncio é o melhor partido, silêncio e serenidade da mente — uma mente alerta, mas tão desprovida de objetos como uma luz de lanterna brilhando num campo de neve inexplorado. Mas então, se as palavras nunca devem ser usadas, não seríamos culpados de entesourar conhecimentos como o ouro do avarento? Embora a verdade mística, tão logo seja expressa, se desvaneça como água derramada sobre areia ressequida, será que algumas das gotas não podem ser vislumbradas ao cair e estimular a busca de sua fonte original?

O diálogo acima é puramente imaginário, mas outros houve nos quais a fronteira entre o real e o imaginado foi difícil de definir. Às vezes o meditador cai em sonhos visionários que, guiados embora, a princípio, por sua própria fantasia, levam a conclusões estranhas e inesperadas. Afinal, se de fato os Bodhisattvas celestes são inseparáveis da mente, quem pode dizer que pensamentos aparentemente voluntários não são, vez por outra, inspirados? Certa feita fui levado a um notável devaneio pela circunstância que passo a descrever.

Em Kanchamburi, cidadezinha provinciana situada certa distância a leste da fronteira tailandês-birmanesa, ergue-se um templozinho consagrado a Kuan Yin ao qual fui ter pela primeira vez dois anos atrás. Enquanto queimava o incenso em seu interior, notei um cavalheiro chinês e duas senhoras olhando para mim com ar de divertimento. A mais nova delas disse:

— Essa não! Das muitas coisas estranhas debaixo do céu, um demônio de pêlo vermelho oferecendo incenso a Kuan Yin não há de ser a menor!

Ora, acontece que não sou um homem cabeludo, e o cabelo da minha cabeça está mais para preto do que para vermelho, mas os chineses nascidos no Sudeste Asiático têm o hábito de falar dos ocidentais como se, além de sermos demônios, fôssemos todos cobertos de espesso pêlo vermelho, como raposas!

No intuito de divertir-me um pouco, levantei-me, fiz-lhes uma mesura e exclamei sem rodeios, usando um polido título honorífico para mulheres casadas:

— T'ai T'ai, já ouviu dizer que Kuan Yin não é menos graciosa para animais e *demônios* do que para seres humanos como a senhora?

Essa reprimenda, tão inesperadamente pronunciada na própria língua deles, produziu satisfatória consternação; mas eram pessoas agradáveis — um casal idoso e sua sobrinha, recém-chegados de Penang, Malásia — e, para emendar-se da involuntária grosseria, insistiram para que eu jantasse com eles num restaurante próximo, onde pediram uma refeição vegetariana que lhes seria servida durante sua breve estada. Durante o jantar — sopa de melão e algumas tigelas de alface cozida guarnecida com cogumelos, feijão amassado, brotos de bambu e fungos "de três orelhas", Mrs. Yeo, a sobrinha, perguntou-me se às vezes Kuan Yin não me enviava sonhos auspiciosos. Era uma pergunta razoável, pois tais sonhos estão entre os frutos reconhecidos da meditação iogue num ser eleito, mas percebi que se tratava apenas de um prelúdio para que falassem de sua própria experiência. E assim foi: Mrs. Lee, a tia, disse-me então que estivera em Kanchanburi antes e, depois de visitar o templo onde nos encontráramos, tivera um sonho peculiarmente vívido.

Estava ela num templo à beira-mar, de proporções suntuosas, magnificamente decorado com esculturas em madeira dourada, ornamentos de pérolas e corais e bandeiras de seda inscritas com invocações a Kuan Yin — um lugar dez mil vezes mais esplendoroso do que qualquer outro que vira em suas viagens. Sua característica mais extraordinária era um trono grande e vazio onde a imagem deveria estar, trono tão perfeitamente semelhante a um lótus prodigioso que parecia uma flor viva com o orvalho salpicando realmente suas pétalas acetinadas! Música maviosa fluía de uma flauta, saltério e sinos eram tocados por músicos invisíveis e uma fragrância desconhecida, de suavidade inigualável, enchia o ar. Prostrando-se ante o trono, ela elevou os olhos para contemplar Kuan Yin dos mil braços, ali sentada em toda a sua majestade, com uma grande panóplia de rútilos emblemas em suas milhares de mãos, um nimbo irradiando de seu corpo, mais brilhante do que o sol e no entanto mais brando para os olhos do que o luar. Voltando-se tristemente e não sem severidade para a mulher ajoelhada, o Bodhisattva pronunciou as seguintes palavras, em tons de inimaginável doçura:

— Quando você era um bebê ainda conhecido como Ying-Ying, sofria de uma doença respiratória e sua boa mãe prometeu que, se lhe fosse permitido viver, você e ela se absteriam a vida inteira de carne de seres sencientes. Ela cumpriu a promessa até o fim, mas você, desde o seu casamento, quebrou-a diariamente durante mais de trinta anos. Por que? Isso não se faz.

Enquanto Mrs. Lee, abalada e desconcertada, procurava achar uma resposta, o sonho terminou abruptamente e ela acordou com o rosto banhado em lágrimas. Ora, sucede que todos os seus parentes próximos eram budistas, e ficaram tão impressionados com o sonho, por ela relatado quando retornou a Penang, que seu marido — o próprio homem que a dissuadira do vegetarianismo por causa das inconveniências sociais — foi o primeiro a sugerir que dali por diante todos eles deviam aderir a uma "dieta pura" — e assim fizeram. E, acreditando que um sonho tão singular poderia estar relacionado com uma qualidade peculiar da imagem daquele templo, ela e o marido tinham trazido a sobrinha para adorá-la, na esperança de que todos os três tivessem sonhos inspiradores.

Impressionado pela história, também eu fiquei na expectativa de um sonho auspicioso naquela noite, mas ele não aconteceu. Quanto aos Lees e a Mrs. Yeo, nada posso dizer, pois deixei a cidade antes do raiar do dia e só regressei alguns dias depois. Entretanto, indagações sobre o seu paradeiro foram infrutíferas; no templo, a única zeladora que estava por ali nada sabia a respeito das pessoas que lhe descrevi e pareceu um tanto surpresa ao saber que tinham vindo da Malásia na esperança de que a imagem que ela espanava todos os dias lhes inspirasse sonhos. Nessa mesma tarde, contudo, retornando a Bangcoc e dirigindo-me ao meu jardim chinês para gozar do frescor da hora que antecede o pôr-do-sol, mergulhei num devaneio tão intensamente vívido que não posso deixar de supor que havia algo de verdade no que a família chinesa conjeturara. Proponho-me descrever esse devaneio com a maior exatidão possível; mas, para ser totalmente franco, não sei até que ponto sua seqüência foi conscientemente induzida por minha própria mente. O certo é que ele parecia acontecer por si mesmo.

Achava-me sentado num daqueles barris de porcelana que nos jardins chineses cumprem a função de cadeiras, cuja beleza é impermeável ao tempo, e sucedeu-me estar de frente para uma parte do jardim onde havia, meio escondida por samambaias e bambus anões, uma estatueta de porcelana de Kuan Yin. Logo entrei naquele estado, entre o sono e a vigília, no qual o sonho pode ocorrer com uma certa direção consciente. Passados alguns momentos, pareceu-me estar diante de Kuan Yin numa grande gruta, aonde chegavam os rumores de uma onda distante, que tomei pela gruta de Hai Ch'ao, na ilha de P'u T'o, conquanto tal impressão possa ter sido apenas fruto da minha imaginação. Exceto por minha impressão de que a estatueta sentada sobre uma rocha à minha frente irradiava um tremendo e terrível poder, ela parecia-me mais um ser humano do que uma deusa, com seu toucado e suas vestes brancas, sem nenhum tipo de ornamentos ou emblemas, sem nada de parecido com um nimbo, apenas com um suave brilho que tornava cada pormenor de sua pessoa claramente visível contra a escuridão por trás dela. Tomado por uma deliciosa sensação de bem-estar e inexcedível felicidade, fiz menção de prosternar-me, mas ela fez-me sinal para voltar a sentar-me e ficou olhando a expressão de meu rosto com um sorriso e como que na expectativa de que eu falasse. Temendo perder tempo com preliminares cerimoniosas, deixei escapar a pergunta que me ocupara a mente desde o nosso primeiro encontro: "Quem e *o que* sois, Santíssima?".

Não parece estranho que, depois de todos aqueles anos, eu ainda precisasse fazer semelhante pergunta? *Ela* não parecia pensar assim, pois instantaneamente acudiu-me ao espírito o conhecido provérbio chinês que diz: "O que é que uma rã de tanque pode conhecer da imensidão do firmamento?", significando neste contexto: "Uma mente finita pode presumir conhecer o infinito?" Claro que não! Já em criança eu sentia certo desprezo pelas pessoas e professores que falavam como se estivessem perfeitamente familiarizados com a vontade de Deus, e atribuía aos seus disparates menos valor do que ao zumbido das abelhas. Agora, encorajado por aquele sorriso mavioso, continuei: "Santíssima, ouso supor que sois conhecida, ou ao menos vagamente percebida, por muitos que nem sequer ouviram falar no vosso nome. Não sois a fonte de toda a sabedoria, desde os primeiros vislumbres da bem-aventurada Realidade até a Perfeita e Suprema Iluminação de um Buda? Não sois a mãe de todas as divindades? E dessa forma, além de serdes una com todos os Budas e Bodhisattvas celestiais, não sois também aquele a quem alguns chamam Brahma e outros o Imperador de Jade, Alá, Iavé, Deus?"

Atônito com minha própria temeridade, receei que o seu rosto assumisse uma expressão severa. Teria eu, inadvertidamente, incorrido naquilo que o budismo considera como o mais perigoso de todos os erros — um dualismo entre o adorador e o adorado? Teria traído algum fragmento remanescente do modo de pensar teísta?

Não! Seu sorriso não se desvaneceu. Ela sabia que eu não a estava degradando, confundindo-a com Deus ou atribuindo-lhe a abominável crueldade de ter criado um mundo onde as criaturas vivem devorando a carne umas das outras! O que eu quisera dizer era que a noção de que Deus nasceu de um vago pressentimento da Realidade, da qual a própria Kuan Yin e os demais Bodhisattvas celestes são encarnações que brotam das profundezas da consciência, perceptíveis ao olho interior e não distorcidos para amoldar-se à antiga concepção judaica de um Deus criador e apartado de suas criaturas. A Realidade, sendo inconcebível para as mentes submetidas às limitações humanas normais, deve ser contemplada em forma simbólica; todos os deuses e deusas do universo são reflexos da Mente, o continente e o conteúdo, ou veículos das forças benfazejas que dela dimanam. Aparentemente meu pensamento era aceitável. Como para ilustrar a verdade da divindade com aspectos inumeráveis, o Bodhisattva deslumbrou-me ao se manifestar num verdadeiro turbilhão de transformações, aparecendo-me ora como Avalokita de onze cabeças, ora como o portador de espelhos Chên-T'i de numerosos braços, ora como Hayagriva de cabeça de cavalo, ora como Tara, ora como uma terrível divindade de semblante irado, não diferente de Yamantaka, o azul Conquistador da Morte, com sua cabeça de touro, ora como o formoso mancebo Manjusri — todas elas alternando com formas inomináveis, masculinas e femininas, horrendas e sublimes, fundindo-se umas nas outras como os variegados desenhos de um calidoscópio infantil! Por fim ela surgiu como Coisa Nenhuma, um vasto e sereno vazio no qual a gruta e seus arredores logo se dissolveram. Durante um breve momento fui tomado de terror! Como que me recobrando de um longo desmaio, embora talvez de menos de um minuto de duração, vi que tudo permanecia como antes. Ali estava Kuan Yin sentada sobre sua rocha a sorrir melodiosamente. Depois seu rosto se fez indistinto e esbateu-se na escuridão circundante. Esta retrocedeu pouco a pouco, dando lugar ao crepúsculo, que silentemente se transmudou em noite.

Plenamente desperto, e quase sem tempo para sentir as dores pungentes daquele trágico desespero que se segue a tais separações, comecei repentinamente a exultar, na convicção de ter acabado de receber uma súbita revelação. Minha mente regozijou-se com a novidade deste pensamento: "Os seres podem escolher suas próprias encarnações da divindade", e as próprias palavras pareciam ecoar nos meus ouvidos. "Claro, claro!", gritei (ou assim me pareceu). "Não basta rejeitar as absurdas concepções que nos impingiram na infância. É preciso substituí-las por algo capaz de nos infundir uma inspiração luminosa e cintilante como o mágico elixir buscado pelos sábios taoístas, como o néctar da imortalidade que promana do vaso de Kuan Yin. Visto que brumas impenetráveis nos impedem de conceber a Realidade tal qual Ela é, visto que nossos símbolos estão a um bilhão de bilhão de *yojanas* da realidade descrita, devemos finalmente procurar encarnações dignas de seu resplendor. Não mais devemos expor os nossos filhos a sermões enfadonhos, a afirmações de crenças nas quais nós próprios pouca ou nenhuma fé depositamos, a concepções de divindades vingativas, conspurcadas pelo cheiro dos holocaustos, a símbolos de morte agonizante totalmente opostos ao conceito inato nas crianças sobre o que seja bom, belo e aprazível. As percepções inatas das crianças não devem ser abafadas, mas estimuladas! Se isso tivesse sido percebido no passado, nosso mundo moderno não ofereceria tantos exemplos abomináveis das conseqüências da rejeição da fé e da busca espiritual. Nossos contemporâneos não estariam tão prontos para considerar as grosseiras percepções dos sentidos como se fossem a própria realidade! As montanhas de males construídas por esse erro estultificante, que ora se erguem por toda parte, não teriam surgido! Nossos filhos devem ser poupados de provar os frutos amargos da descrença cínica. Como?

Cumpre-nos estimular seu senso natural de admiração e reverência, sua crença em espíritos, deuses e fadas. Cumpre-nos dizer-lhes francamente que, visto como poucos são capazes de contemplar a realidade, e ninguém de descrevê-la — vasta e gloriosa imensidade incomensuravelmente mais distante do que as mais remotas estrelas e mais próxima do que as sobrancelhas o são dos olhos —, elas devem escolher, para representar essa realidade, símbolos tão maravilhosos, deslumbrantes e alegres quanto suas mentes puderem fazê-los. Quão feliz não será sua resposta se, antes que "as sombras da prisão se fechem" sobre suas intuições naturais da beleza que a tudo permeia, cada criança for incentivada a procurar uma forma simbólica que só ela possa adorar, forma que se torne o objeto de sua adoração e o veículo da percepção mística que transcende a todos os símbolos! A busca da perfeição espiritual, não mais aceita de má vontade, como um dever maçante, será empreendida com ânimo risonho. Cheias de jubilosa reverência, as crianças avançarão com um entusiasmo que poderá conduzi-las, no lapso de uma única vida, à gloriosa apoteose da jornada mística — a Iluminação!

Pergunto-me se consegui mesmo captar a exaltação que me ardia na mente como a noite tropical que desceu celeremente sobre o meu jardim, deixando as pedras e as plantas debilmente iluminadas apenas pelas luzes vindas das janelas e que lançavam sobre a estatueta de porcelana de Kuan Yin uma claridade suave e fantasmagórica. Nessa noite fui dormir mais tarde, ainda inebriado pela gloriosa revelação; no dia seguinte, porém, ao alvorecer, depois de uma forte tempestade veio a deflação que costuma segui-la. Desejoso de recapturar alguma coisa de meu estado de espírito anterior, visitei o jardim encharcado pela chuva nas primeiras horas do dia, mas só para encontrar desconsolados bambus e árvores com os ramos gotejantes e baixados como em sinal de admonição. Brotos úmidos de buganvílias suspiravam, deixando cair as flores ensopadas. O céu preparava-se para derramar mais lágrimas. A um lagarto, que parou para fitar-me com glacial hostilidade, admiti ter cedido a uma grosseira presunção. Como ousara sonhar resolver os males do mundo preconizando um retorno àquilo que os homens de saber chamam de "superstição primitiva"? Antes de tudo, como podia supor que as mães e os pais permitiriam de bom grado que seus filhos escolhessem seus próprios deuses?

Hoje, volvidos dois anos, não tenho tanta certeza de que minha mente não foi efetivamente inspirada naquele entardecer. Lembra-me como, na minha primeira visita à pátria montanhosa do Veículo Adamantino do Budismo, Vajrayna, um de cujos cimos abarca a área ao redor de Gangtok, Kalimpong e Darjeeling, fiquei impressionado por um fenômeno que muito se aproxima da escolha da nossa própria divindade. A escolha oferecida aos neófitos tibetanos abrange hostes de divindades de todos os aspectos concebíveis — hediondas ou formosas, iradas ou benignas. Delas, a que inspira especial devoção é escolhida como o *idam*, que desde então se torna, não um mero símbolo da divindade, senão o verdadeiro veículo iogue que permite contemplar a Realidade face a face! Naquelas paragens, por ironia da circunstância, alcancei boa parte da visão que tenho da natureza de Kuan Yin — não na China, onde ela reinava em tantos corações, mas entre os tibetanos, para quem (salvo no seu aspecto masculino, como Chensesigs ou Avalokita, ou ainda como Tara) ela é desconhecida! Mas isso não quer dizer que eu haja chegado a uma plena compreensão de sua natureza. Quer minha concepção, nascida em conexão com o meu devaneio, seja aceita ou não como fruto da correta intuição, não posso dar nenhuma garantia de que ela seja cabalmente aceita por qualquer monge chinês ou lama tibetano. Os pronunciamentos de meus mestres sempre foram por demais ambivalentes para sugerir alguma diferença irreconciliável entre conceber Kuan Yin como existindo independentemente ou inseparável da mente do devoto. Eles decerto endossariam a declaração do Venerável Hsüan Hua de que, quando louvamos tais seres, estamos, em última análise, louvando a nós mesmos; mas interpretar isso como significando que eles não têm existência independente seria incorrer em censura; o mesmo efeito teria, contudo, uma declaração de sentido oposto, isto é, afirmar que eles não têm uma existência independente! Para esses homens misticamente dotados, os dois conceitos não se excluem mutuamente; é aqui que a educação ocidental, com sua insistência em categorias lógicas inconciliáveis, cria um obstáculo à compreensão. A única maneira de alcançar a verdade é abandonar o argumento discursivo e abordá-la ioguemente, a saber, cultivando a percepção direta.

Uma anedota de meus últimos dias em Pequim (1948) ilustra bem o problema. Tinha eu ido dar um olhar de adeus ao Pai T'a Szû, templo mongol com uma belíssima *chorten* (torre-relicário), que eu não visitava desde antes da guerra. Outrora pululante de lamas, apresentava agora um aspecto desolador; os poucos lamas que ainda o habitavam pareciam abatidos e apáticos; mas receberam-me de modo hospitaleiro, com chá e bolos ligeiramente adocicados, fritos no óleo e servidos sobre uma mesa baixa ao redor da qual nos sentamos com as pernas cruzadas, sobre um chão atijolado coberto de tapetes finos mas lamentavelmente enxovalhados. Nossa conversação voltou-se para o seu Bodhisattva favorito, Avalokita; o lama mais velho contou uma história sobre o seu mestre, o jovem Pao T'ou, que na idade de doze anos acompanhara seu próprio mestre até Urga, onde os dois viveram num templo que era na verdade uma área cercada e juncada de *yurts* (tendas de feltro) no meio da qual se erguia um recinto de orações construído com tijolos ao redor de uma estátua do Bodhisattva em seu aspecto com onze cabeças — Aquele-que-vê-em-todas-as-direções. Falando chinês à maneira mongol, monótona e sem tom, e usando o nome chinês, Kuan Yin, para o Bodhisattva, o velho lama, depois de fazer uma breve descrição dos dias de infância de seu mestre, continuou:

"Sucedeu uma vez que, tendo desagradado ao seu lama por um descuido qualquer, foi-lhe determinado passar uma noite inteira fazendo grandes prostrações diante da estátua de Kuan Yin — não prostrações comuns, mas estendendo-se de comprido repetidamente no chão. Precisarei dizer que isso era estafante para uma criança? Ali pela meia-noite ele desistiu e sentou-se cautelosamente sobre uma almofada, pronto para levantar-se ao primeiro sinal da aproximação de alguém. As lâmpadas do altar projetavam sombras caprichosas e, como não soubesse o que poderia estar emboscado na escuridão circundante, ele ficou com medo e começou a tartamudear o mantra de Kuan Yin. Pouco depois, no ângulo onde se alojava o santuário das divindades guardiãs, divisou três pares de olhos flamejantes e, tentando embora acreditar que eram apenas os olhos incrustados com jóias das imagens banhadas pela luz que emanava do altar, foi invadido pela sensação de que os guardiães estavam prestes a levantar-se para lhe punir a impiedade de interromper suas prostrações. Conhecedor da disciplina monástica, preferiu arriscar-se a ser devorado pelos terríveis guardiães a sair do salão de orações sem a permissão de seu lama; teve que suportar o seu terror, com os dentes estalejando tão alto que lhe parecia ouvir um chocalhar de ossos. Por fim, lembrando-se do que lhe fora ensinado, parou de recitar e, concentrando-se com todo o vigor, pronunciou o mantra de Kuan Yin com todo o coração e o mais alto que pôde: OM̄MMMMMMM MANI PADME HŪMMMMMMMMMMMMMMM!!!

"Instantaneamente uma réplica viva da imagem dourada, semelhante em todos os aspectos, salvo pelo fato de ser menor e ter uma coloração de puro ouro, surgiu por trás do altar e, pairando no ar, emitiu ondas de bem-aventurança que desciam até as extremidades de seu corpo, fazendo com que o tronco e os membros lhe estremecessem com delícia.

"Na hora que antecede ao amanhecer, o rumor produzido por pessoas que se agitavam na cozinha acordou-o de um sono sem sonhos no momento em que ele estava efetivamente no ato de fazer uma grande prostração; e lembrou-se de que as estivera fazendo durante toda a noite! No entanto, até aquele instante seus movimentos eram tão desprovidos de esforço como os de um lutador que acabasse de levantar-se depois de uma noite bem-dormida!"

Quando essa história chegou ao seu clímax, o velho monge olhou para o meu rosto com inocente prazer, jamais sonhando que pudesse haver pessoas no mundo mais propensas a não acreditar nessa singela história da compaixão do Bodhisattva do que a ser por ela edificadas. Usando de palavras cautelosas, perguntei se a imagem dourada teria sido vista por qualquer pessoa que porventura houvesse entrado no recinto de orações naquela noite.

— Sem dúvida! — respondeu ele surpreso. — Nosso Bodhisattva não recusaria essa felicidade nem mesmo a um ladrão quirguiz nômade ou um adorador do deus A-La (Alá).

— Então a imagem não foi produzida pela mente de seu mestre?

Intrigado, o velho lama lançou-me um olhar de reprovação, como perguntando se, devido à sua vestimenta remendada e esfarrapada, eu tivesse tão pouco respeito por ele a ponto de supô-lo um mentiroso.

— Suas palavras são estranhas. Pois Kuan Yin não existe sempre dentro e fora da mente das pessoas?

Assenti pressurosamente e a harmonia foi restabelecida, mas intimamente fiquei maravilhado ao notar que ele era incapaz de perceber uma incongruência que deve ser imediatamente óbvia para a mente de um ocidental. Para quase todos nós, pareceria que ou uma ocorrência é criação da mente e, como tal, visível apenas para o seu criador, ou é materialmente real e, portanto, visível para todos. Desde então, naturalmente, aprendi a não ter certeza de que as duas possibilidades se excluem mutuamente.

Tais histórias não devem ser descartadas como invencionices, já que costumam ser contadas por homens a quem abominaria mentir. Para os devotos de Kuan Yin essas coisas acontecem e, quer manifestações materiais suscetíveis de ser fotografadas, quer como experiências psicológicas que apenas parecem pertencer à realidade exterior, em ambos os casos elas constituem verdadeiros milagres. Ainda recentemente, deparei por acaso com um claro exemplo de um terceiro modo de ser, nem totalmente interior nem inteiramente exterior. Um lama vindo do Nepal, inglês de nascimento, contou-me no mês passado um incidente que lhe ocorreu quando certa noite, durante uma visita à Inglaterra para ver sua mãe, sucedeu-lhe partilhar um quarto com um rapazinho mal entrado na adolescência. Para não chamar desnecessariamente a atenção, ele fez mentalmente seus exercícios noturnos de ioga e depois aprontou-se para dormir. De manhã o garoto declarou que, tendo acordado várias vezes, notara com assombro uma cobertura de luz pairando sobre a cama de seu colega de quarto e que quando, cerca de meia-noite, o lama se levantou para ir ao banheiro, a luz o seguira e com ele retornara. Ora, esse garoto, sendo embora um menino dotado de poderes psíquicos incomuns, nada sabia a respeito do budismo e não tinha a mínima idéia de que um lama, antes de ir dormir, invoca o seu *idam* e cria na mente uma "tenda-vajra", cobertura protetora que se supõe permanecer com ele até de manhã. O fato de que o menino, que nunca ouvira falar de tal coisa, percebesse a tenda-vajra, ou pelo menos a sua radiância, sugere que aquilo que é visualizado ioguemente se manifesta de uma forma que nem está totalmente confinada à mente do adepto nem é tão solidamente material que possa ser vista por qualquer um. Creio que a chave de muitos mistérios deve ser encontrada aqui.

Esse acidente pode lançar *indiretamente* um pouco de luz sobre a maneira como os monges e lamas concebem uma natureza dos Bodhisattvas celestiais. Nenhum budista instruído supõe que eles existam exatamente no sentido em que existe a página impressa ou no sentido em que se acreditava na existência de Afrodite como uma habitante divina do monte Olimpo. Mas há numerosas evidências que respaldam a convicção de que existem modos de existência por demais sutis para serem classificados como o dos objetos físicos, embora sejam claramente perceptíveis aos sentidos de pessoas psiquicamente dotadas, ou ioguemente adestradas, para serem descartadas como pura imaginação. *Não* estou querendo dizer que a natureza da tenda-vajra dos lamas apresente uma analogia estrita com a natureza de Kuan Yin, pois penso que a tenda não passa de uma entidade da vasta e cada vez mais sutil cadeia de entidades que se situam entre as categorias totalmente materiais e as inteiramente psíquicas. Meu intuito ao relatar a anedota acima foi simplesmente ilustrar o fato de que existem vários modos de ser.

Neste ponto, hesito em ir mais longe. Existem matérias demasiado sublimes para serem abordadas de um modo outro que não à luz de um certo grau de conhecimento. Não sendo um homem muito dotado, não tenho cabeça para as grandes alturas. Escrever na ignorância pode ser um ato nocivo. Se o leitor quiser adiantar-se no caminho aqui apresentado, de nada lhe valerão os livros. A única forma de fazê-lo é praticar um tipo de ioga que conduza à percepção direta. Para isso, contudo, há certos pré-requisitos. O adepto deve levar uma vida frugal e casta, a fim de não dissipar sua energia; e deverá agir sem egoísmo, com perfeita imparcialidade e compaixão para com todos os seres sencientes. Além disso, é difícil entrar na senda iogue sem a ajuda de um mestre; mas uma descrição de seus primeiros estágios pode ser de algum interesse. Que a pessoa tome Kuan Yin ou Tara como veículo não é, de modo algum, essencial, mas nos é tradicionalmente ensinado que essas duas divindades são mais acessíveis do que outras, como o arredio Manjusri, incorporação da sabedoria.

Estágio 1. No princípio, é necessário invocar o *idam*, ou divindade interior, como se ela (ele) fosse uma divindade exterior, muito embora se saiba que não é assim. Oferendas puras, como incenso, flores e água, devem ser feitas; nunca, porém, a carne de seres sencientes. Pelo poder da visualização propiciado pelos mantras, a água se converte em tesouros — vale dizer, tudo quanto temos de corpo, fala e mente, todas as boas qualidades e propriedades, todos os méritos, assim como todas as coisas preciosas inimagináveis, incluindo o próprio universo, ornamentado com o sol e a lua. É ioguemente desejável, neste estágio, que o *idam* seja visualizado como se de fato valorizasse o tipo de oferendas que se fazem aos reis, conquanto a maioria deles tenham sido criados. (Um dos objetivos pode ser o de encontrar uma resposta à primitiva, porém profundamente arraigada, crença em divindades exteriores ao adorador, divindades que fazem exigências régias, como Ártemis, que exigia o sangue de pombos, ou Jeová, que se regozijava com holocaustos e exigiu o sofrimento e a morte de seu filho como preço da redenção humana. É possível que os primeiros mestres budistas tenham julgado aconselhável aceitar as práticas tradicionais dos recém-convertidos e transmutá-las gradualmente em formas mais puras. É possível que a psicologia humana ainda requeira, a princípio, uma abordagem quase teística. Não sei. Sempre é melhor seguir as instruções de mestres ioguemente adiantados.)

Estágio 2. O *idam* é convidado a passar de uma imagem criada mentalmente para o corpo do adepto, para que se possa consumar a perfeita união do adorador e adorado, numa forma que se segue naturalmente ao estágio 1. (Neste ponto, o adepto pode ainda não ter consciência, por experiência direta — ainda que o saiba teoricamente —, de que *idam* e adorador nunca estiveram separados.)

Estágio 3. O *idam*, tendo sido novamente convidado, é retido no corpo do adepto durante o tempo em que ele se sente capaz de se conduzir em consonância com seu exaltado papel como Bodhisattva, livre do menor indício de pensamento ou ação autocentrados. (O período de união é aumentado gradualmente e o adepto determinado pode decidir passar sete anos num retiro solitário, que é a menor maneira de aperfeiçoar as qualidades divinas da compaixão, equanimidade, ausência de egoísmo e assim por diante.)

Estágio 4. A união continua permanente e dá origem à percepção mística direta da identidade entre o eu e o outro, entre o reino da forma e o Grande Vazio. Sabedoria e compaixão acham-se unidas e o caminho da Iluminação foi imensuravelmente encurtado.

Entre os leitores deste capítulo final, nenhum haverá, assim espero, que duvide da minha sinceridade. Todos eles estão livres para supor que eu seja vítima de erros e ilusões resultantes do uso inábil do conhecimento iogue; e quem pode dizer que não estão certos? Se, porém, houver leitores que me seguiram até aqui e aceitam o que escrevi como razoável, devo-lhes uma desculpa. Tendo oferecido vislumbres do Bodhisattva Kuan Yin em variados níveis, começando por apresentá-lo como uma deusa dos pescadores, acabei por convertê-la numa figura irreal. Peço desculpas por isso, mas que hei de fazer? Não me cabe *inventar* um clímax para a busca. Não existe, em verdade, maneira alguma de ir mais longe, a não ser consagrar-me à ioga apropriada até o seu estágio final e alcançar a percepção intuitiva. Para aqueles que o fizeram com êxito, seu segredo será com toda a certeza revelado.

Uma coisa é certa: embora a busca do Bodhisattva possa ser motivada, a princípio, por um capricho passageiro, se for levada a cabo ela conduzirá às sublimes alturas da experiência mística. Universos inteiros se converterão em brinquedos da mente do adepto. Juntamente com a indescritível alegria da crescente identificação com o Bodhisattva vem a percepção da identidade do eu com o outro. Insignificantes contrafortes são sucedidos por picos envoltos em nuvens, e o caminho, tornando-se mais e mais escarpado e perigoso, leva depois a vestidões de neves de puríssimo alvor, terríveis de contemplar até serem iluminadas por um fulgor róseo. O fulgor converte-se em luz brilhante, a luz brilhante num fulgor de instantânea compreensão — e depois?

Depois disso há um estado que transcende os confins do pensamento conceptual. Agora o Bodhisattva Compassivo aterroriza e finalmente é revelado como um ser cuja imensidade é demasiado vasta para ser contemplada por seres finitos. O eu encolhido protesta e, lutando por seu próprio ser, fende a mente e o corpo com dores agonizantes. "Para trás, para trás!", exclama ele. "Diante de nós avulta a insanidade, um oceano de inconcebível horror no qual nos desintegraremos! Aqui jaz o fim, um nada ilimitado, um vazio indescritivelmente terrível e medonho, vazio no qual seremos despedaçados, dissolvidos, aniquilados! Aieeeeeeeeeeeeee!"

O ego deixou de existir. Atingido pelos raios da Clara Luz da Realidade, ele murcha, encolhe-se e é inteiramente consumido. Agora o Bodhisattva se revela por inteiro. Seu antigo devoto, de modo algum aniquilado, passou por uma expansão infinita e contém, no interior daquilo que outrora ele erroneamente confundira com o "si mesmo", uma miríade de miríades de universos, uma Realidade tão vasta e abrangente que nenhum grão de "alteridade" permanece. Sobrevém então uma eternidade de bem-aventurança, a bem-aventurança do Nirvana — da libertação final.

Apêndice

As Principais Formas Iconográficas do Bodhisattva

Como Kuan Yin

Na China, no Japão e países circunvizinhos, as representações femininas de Kuan Yin predominam, geralmente em forma humana idealizada com uma cabeça e dois braços. Seu longo vestido e a touca característica semelhante a capuz podem ser brancos ou coloridos. Os esplêndidos ornamentos que às vezes adornam a cabeça, o pescoço, os pulsos e os tornozelos são um símbolo convencional de sua condição de Bodhisattva, mas freqüentemente estão ausentes, a fim de produzir um efeito de castidade monacal. Algumas representações são desprovidas de atributos sexuais claramente definidos e às vezes ela é mostrada na forma masculina; por exemplo, nas pinturas muito antigas ou naquelas em estilo arcaico, o rosto pode ser levemente barbado. As formas masculinas mais comuns revelam o pleno esplendor de um Bodhisattva, com vestes e ornamentos similares aos dos antigos soberanos hindus.

Quando a figura é representada de pé, os pés podem descansar sobre uma pétala de lótus gigante que talvez esteja flutuando no mar, ou sobre o cálice de uma enorme flor de lótus, pois essa flor é especialmente associada com as encarnações da compaixão — Buda Amitābha,

Avalokita, Tara e Kuan Yin —, muito embora, como um dos símbolos budistas mais comuns, possa também aparecer entre os emblemas de muitas outras divindades budistas. O corpo de Kuan Yin, quando se apresenta de pé, está muitas vezes graciosamente curvado com um dos ombros um pouco mais elevado do que o outro, a cabeça levemente inclinada e as mãos cobertas por mangas compridas, a menos que ela esteja com uma das mãos erguidas e a outra apontando para baixo na atitude de abençoar.

Quando ela é representada sentada, ambos os pés podem estar colocados sobre o chão, ou a perna direita pode descansar sobre a coxa esquerda ou ainda estar levantada de modo que o pé descanse sobre alguma coisa sobre a qual ela está sentada, ou o pé direito pode estar ligeiramente estendido, à maneira de Tara, como se ela estivesse prestes a sair do estado de meditação.

Às vezes ela é vista sozinha, às vezes acompanhada por Shan Ts'ai, um belo rapaz ou menino, e por Lung Nü, a Donzela-Dragão, segurando uma pérola gigante. Ou pode aparecer à direita de uma trindade conhecida como os Três Santos, com o Buda Amitābha no centro e o Bodhisattva Mahasthamaprapta (Ta Shih Chih) simbolizando a perfeita atividade à esquerda.

Seus principais emblemas são um vaso precioso seguro numa das mãos e um broto de salgueiro seguro na outra, simbolizando respectivamente o "orvalho doce" (também conhecido como *amrta*), significando o néctar da sabedoria e da compaixão e, secundariamente, sua disposição de borrifá-lo sobre as cabeças de quantos lhe invocam a ajuda.

Uma criança sentada no seu colo ou um grupo de crianças brincando à sua volta simbolizam sua habilidade para conceber filhos do sexo desejado dotados de múltiplas perfeições mentais corporais.

Uma paisagem marinha ou água corrente no fundo sugere o seu paraíso cercado pelo mar, a Montanha Potala ou Potalaka.

Como a Ch'ên T'i Kuan Shih Yin, ela tem dezoito braços, com espelhos em grande evidência.

Como a Santíssima, ela está de pé com um dos braços levantados em atitude de bênção.

Como a Concessora da Pedra da Satisfação dos Desejos, está sentada sobre um trono de lótus, como um dos pés erguidos e a face à mão.

Como Kuan Yin do Salgueiro, está sentada debaixo de um salgueiro, como um broto de salgueiro na mão direita e a mão esquerda na altura do ombro e a palma para fora, à maneira de Tara.

Como veículo para a ioga contemplativa, assemelha-se ao branco Avalokitesvara (*q.v.*), de uma cabeça e quatro braços. Analogamente, praticamente em qualquer uma de suas formas com múltiplas cabeças e múltiplos braços ela mal se distingue, se é que se distingue, do Bodhisattva, que é, por assim dizer, o seu outro eu. É o que ocorre com a Kuan Yin de mil olhos e mil braços, com uma ou com onze cabeças.

Existem muitas outras formas, menos comuns, dentre as quais duas das mais interessantes são Kuan Yin viajando sobre nuvens com arco, flechas e escudo nas mãos para combater o mal (nunca, porém, os infelizes malfeitores); e Kuan Yin representada quase exatamente como uma figura de Buda sentada em meditação, mas com uma barba enorme! Além do mais, ela é identificada com o Hayagriva de três cabeças sob o nome de Kuan Yin Ma T'ou (Com-Cabeça-de-Cavalo).

Somente num contexto (e apenas no Japão) Kuan Yin recebe efetivamente o título de *Buda*; por algum estranho acaso, ela chegou a ser enumerada entre os treze Budas invocados pelos devotos de Shingon por ocasião de cerimônias fúnebres.

Principais emblemas de Kuan Yin

A lista seguinte foi tirada de uma edição chinesa do Sūtra do Coração do Dhāranī da Grande Compaixão:

1 A Pedra da Satisfação dos Desejos, significando a consecução de todos os desejos salutares.
2 Uma corda, com a qual ela amarra todas as circunstâncias nocivas.
3 Uma tigela incrustada de jóias, contendo remédios para as enfermidades.
4 Uma espada, para subjugar os espíritos aquáticos.
5 Um *vajra* ou cetro adamantino de duas cabeças, às vezes erroneamente chamado raio, para subjugar os demônios.
6 Uma adaga-vajra, para causar a capitulação dos inimigos.
7 Uma das mãos estendida com os dedos e o polegar apontando para cima de maneira semelhante a uma tigela, para subjugar o medo.
8 Um disco solar contendo um pássaro, para banir a escuridão.
9 Um disco lunar contendo um coelho, para neutralizar o veneno.
10 Um arco, significando uma carreira gloriosa.
11 Uma flecha, para aproximar os amigos.
12 Um ramo de salgueiro, para afastar a doença.
13 Uma escova branca ou espanador em forma de bandeira, para afastar as necessidades.
14 Um vaso "de longa vida", significando tudo o que é virtuoso e amoroso.
15 Uma plaquinha com cabeça de dragão, para subjugar os animais selvagens.
16 Um machado, significando proteção contra as autoridades opressoras.

17 Um bracelete de jade (arredondado e não obstante aproximadamente triangular), para obter serviço filial de filhos e filhas.
18 Um lótus branco, significando a consecução do mérito.
19 Um lótus azul, significando o renascimento numa Terra Pura.
20 Um espelho precioso, significando *prajna*, sabedoria.
21 Um lótus purpúreo, significando que haveremos de contemplar os Bodhisattvas.
22 Uma tigela incrustada de jóias com frutas, para escapar das armadilhas.
23 Uma nuvem de cinco cores, para entrar no caminho dos imortais.
24 Uma garrafa de água descansando sobre a palma da mão, para o renascimento num *Brahma-loca* (céu nebuloso).
25 Um lótus vermelho, para alcançar o renascimento num *deva-loca* (um céu menos abstrato do que o *Brahma-loca*).
26 Uma alabarda, para neutralizar os efeitos da desonestidade das pessoas.
27 Uma concha, para invocar os *devas* (deuses) espíritos benfazejos.
28 Um cajado, para com ele obter o controle dos espíritos.
29 Um rosário, para convocar os Budas das Dez Direções a virem rapidamente em socorro de alguém (isto é, para receber alguém numa Terra Pura).
30 Um sino com topo de *vajra*, para com executar maravilhosas obras musicais.
31 Um selo precioso, para com ele obter o dom da eloqüência.
32 Um gancho, para com ele obter a proteção dos *devas* dos reis-dragões benevolentes.
33 Um bastão monacal com ponta de ferro, significando um desejo compassivo de proteger os outros.

34 Duas mãos, palma contra palma, mas sem se tocarem, significando a capacidade de reverenciar e amar a todos os seres sencientes.
35 Uma imagem de Buda cercada por um nimbo e sentada sobre lótus, significando passar vida após vida com os Budas sempre ao lado.
36 Um pavilhão palaciano, significando que se habita vida após vida no palácio dos Budas.
37 Um volume precioso, para com ele alcançar grande saber.
38 Uma roda dourada, significando que desde esta vida até a consecução do estado de Buda a Roda da Iluminação nunca cessará de girar por nós.
39 Duas mãos, pulso contra pulso, com os dedos mais ou menos na horizontal e apontando para a direita e a esquerda, e com os Budas das Dez Direções para outorgar o poder e predizer sucesso certo na consecução da Iluminação.
40 Um cacho de uvas, para assegurar colheitas abundantes de frutas.
41 A mão aberta estendida, dedos apontando para baixo com o néctar da sabedoria e da compaixão (conhecido como orvalho doce) fluindo do olho no centro da palma para mitigar a fome e a sede.
42 Mão direita descansando sobre a esquerda, palmas para cima, significando o poder de subjugar espíritos vingativos em todos os inumeráveis universos.

Finalmente, estátuas ou pinturas ornamentais de Kuan Yin podem representar suas principais quarenta e duas mãos segurando esses emblemas ou formando esses *mudras*. O iniciado pode usar os emblemas e *mudras*, cada qual com seu mantra apropriado, para alcançar os objetivos que eles significam.

Como Avalokitesvara (Avalokita)

No Tibete, na Mongólia, no Nepal e em partes da Sibéria onde Avalokita é profundamente reverenciada, seus aspectos são invariavelmente masculinos; Kuan Yin é desconhecida, visto que os atributos femininos só são atribuídos à sua emanação, Tara. Todavia, ele partilha com Kuan Yin as formas de onze cabeças (e também a de uma só cabeça), mil olhos e mil braços, sendo as cabeças arranjadas em três filas ascendentes de três encimadas por duas cabeças, uma em cima da outra, das quais a de cima é a cabeça de Buda, significando que ele é uma emanação de Buda Amitābha. Essa forma com múltiplas cabeças e múltiplos braços às vezes é conhecida como Ekadasamuka — Aquele-que-olha-em-todas-as-direções. Como Kuan Yin, também é identificado com Hayagriva, o chamado Cabeça-de-Cavalo.

Para os propósitos da ioga contemplativa, ele é visualizado como possuindo uma cabeça e quatro braços. Nessa forma, ele é de cor branca e está sentado na postura do lótus; dois dos braços estão estendidos horizontalmente a partir dos ombros até o cotovelo, com os antebraços erguendo-se verticalmente, a mão direita segurando um rosário e a esquerda um caule de lótus; o outro par de mãos une palma a palma na altura do peito, numa atitude de prece. Este é o aspecto iogue a que pertence o mantra OṀ MANI PADME HŪṀ.

Quando Avalokita aparece como um membro de uma trindade de Bodhisattvas, geralmente é flanqueado por Manjusri (encarnação da sabedoria) e Vajrapani (encarnação do poder), mas noutra trindade ele e Manjusri são acompanhados pelo Bodhisattva Maitreya, que está destinado a tornar-se o Buda no próximo éon.

Em seu aspecto de Padmapani (Portador do Lótus), ele aparece como um jovem encantador segurando um lótus. Outras divindades com as quais ele é considerado mais ou menos idêntico são Simhananda (o Senhor com Voz de Leão), Vagaisvara (Promulgador do Eterno) e Lokesvara, o aspecto que ele usa principalmente em países como o Camboja e o antigo Champa no Sudeste Asiático. Existem outros.

Como sucede com Kuan Yin, múltiplos olhos significam poder de ver todos os sofrimentos do universo simultaneamente, múltiplos braços simboliza o poder infinito de socorrer e a cabeça de Buda no ápice de suas múltiplas cabeças indica que ele é uma emanação de Buda Amitābha ou da suprema sabedoria-energia, Bodhi.

Como Tara

Uma descrição completa da aparência de Tara é dada nas páginas 64 e 66.

Como Miao Shan

Que eu saiba, a princesa-monja chinesa Miao Shan não tem características ou emblemas especiais, o pássaro branco no qual ela foi transmutada para poder escapar de sua prisão ardente. Em geral ela é representada envergando os vestidos compridos das princesas reais ou num vestido mais curto que expõe uma parte de suas largas calças de seda e com os cabelos meticulosamente arranjados no alto da cabeça. Infelizmente tantas damas chinesas da Antiguidade lhe são extremamente semelhantes nesses aspectos que se torna difícil identificá-la com certeza, salvo pela inscrição caligráfica ou por representações de um ou mais incidentes das legendas de Miao Shan que fazem parte do fundo.

Nomenclatura

Os nomes chineses do Bodhisattva mais largamente usados são Kuan Yn, Kuan Yin e Kuan Tzü Tsai, dos quais as variantes cantonesas são Kwoon Yam, Kwoon Sai Yam e Kwoon Chi Choi. No Vietnã seu nome é pronunciado Quan Am. No Japão o primeiro sufixo é a tradução japonesa de Bodhisattva, enquanto o último é um título honorífico.

O nome tibetano de Avalokita é Chenresigs.

Glossário

Apenas as palavras estrangeiras que às vezes não ficam claras no contexto são dadas aqui. Todas elas são sânscritas, salvo as assinaladas com C (chinesas), J (japonesas) ou T (tibetanas).

Asura	Um titã em guerra com o céu.
Bīja-mantra	Sílaba contendo a essência de uma divindade.
Bod (T)	Tibete
Bodhi	O anseio de sabedoria, compaixão e Iluminação.
Brahma	Suprema divindade hindu.
Chang (T)	Cerveja tibetana.
Deva	Termo geral para designar as divindades.
Dhāranī	(ver Mantra)
Hsiu-ts'ai (C)	Grau de exame no serviço civil.
Ḳowtow (C)	Prostrar-se ou prostração.
Lama (T)	Monge ou leigo instruído na religião.
Li (C)	Um terço de milha.
Lo-fu	Almocreve.
Mahayana	Budismo do Norte ou do Grande Veículo.
Mantra	Grupo de sílabas sagradas de grande poder.
Mou (C)	Medida agrária, menos de um acre.
Mudra	Gesto sagrado com a mão.
Naga	Ser semelhante à serpente com algumas características humanas.

Nirmānakāya	Corpo de Transformação, um dos três corpos metafísicos de Buda.
Nirvana	Estado de ser de bem-aventurança final para além do "eu" e do "outro".
P'ei! (C)	Expressão de desdém.
Prajñā	Sabedoria Transcendental.
Preta	Espírito atormentador.
Sadhana	Rito contemplativo envolvendo visualização.
Sama (J)	Título de respeito.
Samādhi	Estado de consciência sem objeto.
Sambhogakāya	Corpo da Bem-aventurança, um dos três corpos metafísicos de Buda.
Samsara	A roda de nascimento e morte alternados, que só termina quando se atinge a Iluminação.
Skandha	Uma das cinco "pilhas" contra as quais o ego ilusório pode sucumbir.
Sūtra	Texto sagrado proclamado pelo próprio Buda.
T'ai T'ai (C)	Título similar a Senhora.
Tathāgata	"Assim Veio", um título de Buda.
Theravada	Budismo do Sul ou do Pequeno Veículo.
Tripitaka	O cânone sagrado do Budismo Mahayana.
Vajra	Símbolo em forma de cetro da natureza adamantina da Realidade.
Vajrayana	A forma tântrica do budismo praticado no Tibete.
Yojana	Medida de comprimento, que se acredita equivaler a um dia de marcha.

Impressao e acabamento:

infinity

infinitygrafica.com.br/